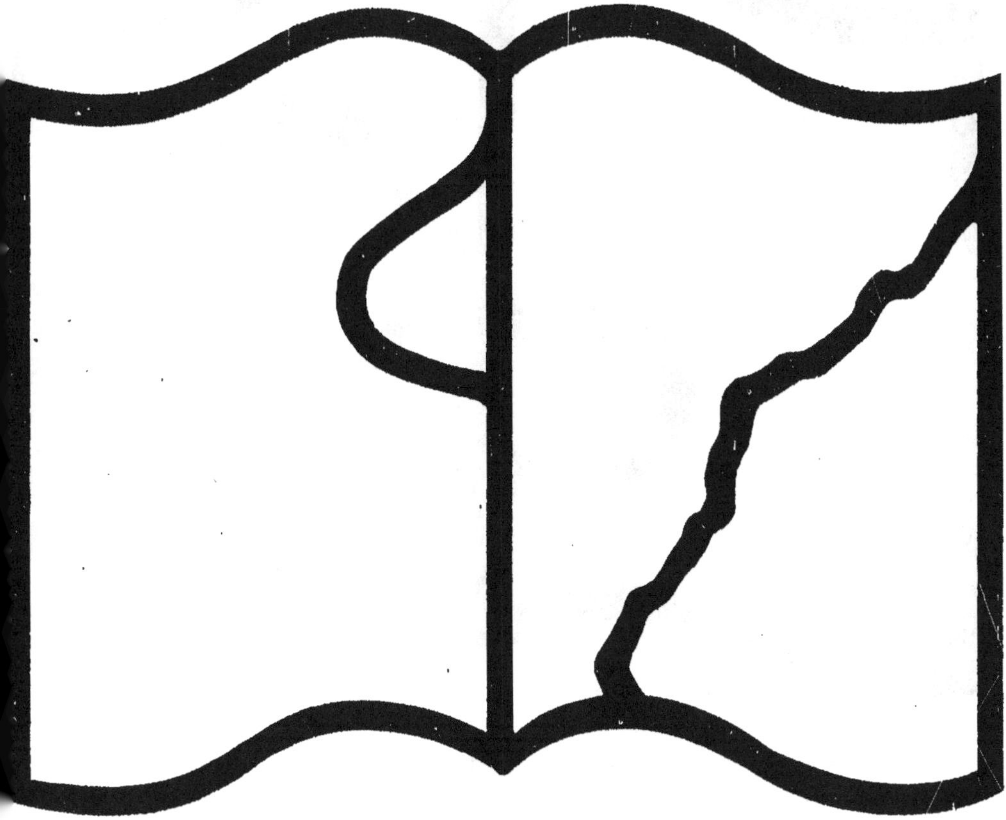

Texte détérioré — reliure défectueuse

NF Z 43-120-11

Symbole applicable
pour tout,ou partie
des documents microfilmés

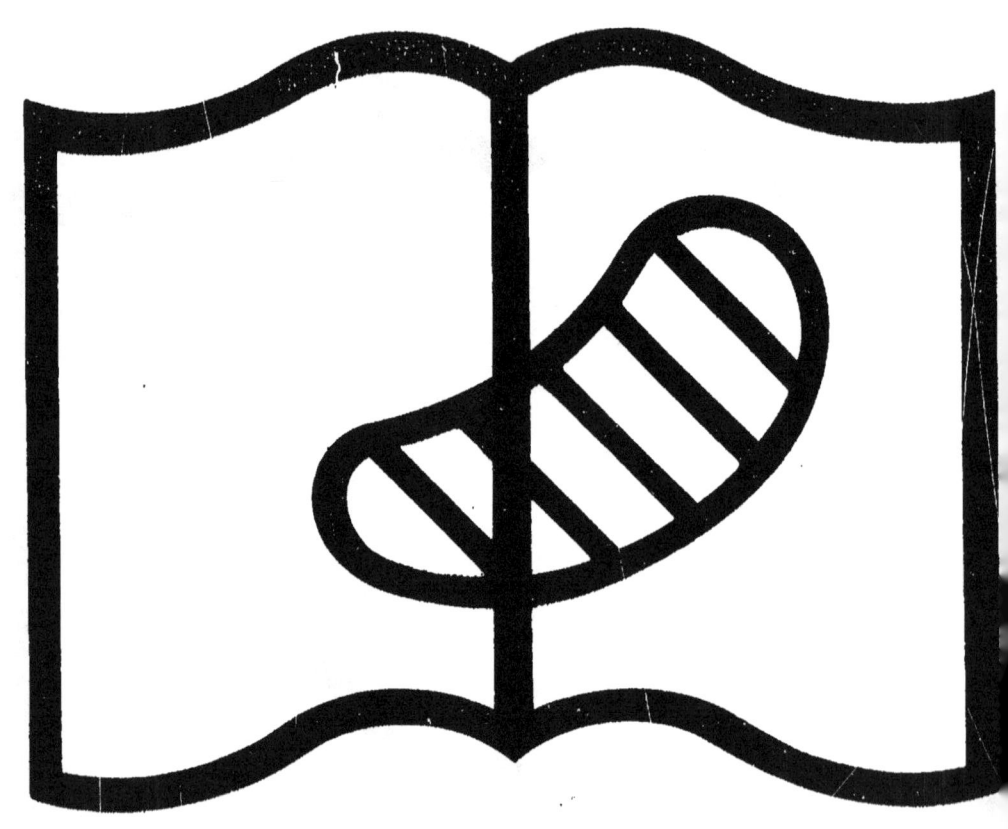

Original illisible

NF Z 43-120-10

Symbole applicable
pour tout, ou partie
des documents microfilmés

LA LOI MORALE

ET

LA LOI PHYSIQUE

CONSIDÉRÉES DANS LEURS DIFFÉRENCES ESSENTIELLES

ESSAI DE

RÉFUTATION DU POSITIVISME

PAR

WILLIAM ARTHUR

Traduction de Matthieu LELIÈVRE

PARIS

LIBRAIRIE A. CHASTEL

4, RUE ROQUÉPINE

1889

Coulommiers. — Imp. Paul BRODARD et GALLOIS.

LA LOI MORALE

ET

LA LOI PHYSIQUE

Coulommiers. Imp. P. BRODARD et GALLOIS.

LA LOI MORALE

ET

LA LOI PHYSIQUE

CONSIDÉRÉES DANS LEURS DIFFÉRENCES ESSENTIELLES

ESSAI DE

RÉFUTATION DU POSITIVISME

PAR

WILLIAM ARTHUR

Traduction de Matthieu LELIÈVRE

PARIS

LIBRAIRIE A. CHASTEL

4, RUE ROQUÉPINE

—

1889

PRÉFACE DE L'AUTEUR

J'ose demander une large mesure d'indulgence pour cet ouvrage, dans lequel j'essaye de traiter, en un langage aussi peu technique que possible, quelques-unes des questions les plus importantes qui se posent devant les hommes de notre temps. Par suite de circonstances spéciales, ce livre a été écrit, non seulement loin des bibliothèques publiques, mais encore loin de ma propre bibliothèque, et, en une mesure, pendant une période de grande débilité physique. En coordonnant dans ce travail mes réflexions de plusieurs années, j'aurais sans doute mentionné avec gratitude plusieurs des ouvrages qui me les ont suggérées, si je les avais eus sous la main. Et, d'autre part, le nombre limité des livres dont je disposais, m'a contraint à restreindre ma polémique aux ouvrages des chefs et des principaux représentants des doctrines que je désirais combattre.

Ce que j'ai surtout regretté, ç'a été l'absence de tel savant de mes amis, au contrôle duquel j'eusse soumis mes incursions sur le terrain des sciences physiques. Je m'en console par la pensée que ce n'est que par voie d'allusions que j'ai touché à ces questions, et que les inexactitudes qui auraient pu m'échapper n'ont pas dû affecter le fond de mon argumentation.

Il y a près de vingt ans que mon parent, feu George Morley, de Leeds, connu par ses travaux scientifiques, me demanda de développer et de publier quelques notes que je lui avais communiquées relativement au sujet traité dans ce volume. Il revint plus tard avec insistance sur cette suggestion. Depuis lors, à mesure que ce qu'on appelle la philosophie positive parcourait le cercle de son évolution, je suis souvent revenu à l'étude des œuvres du fondateur de cette école et de ses docteurs reconnus, en m'aidant des lumières, souvent fugitives, qui s'offraient à me guider. Le résultat de cette familiarité prolongée et croissante a été de ramener à un niveau, que l'on pourra trouver un peu bas, mon appréciation de la qualité de l'argumentation du maître et des disciples. A ceux qui me soupçonneraient de les avoir dépréciés, j'ose demander de suspendre leur jugement jusqu'à ce qu'ils aient longuement lu les pièces originales, et de consacrer quelques années à peser leur valeur avant de porter sur elles une appréciation définitive.

Je sens vivement combien cet essai est loin de traiter comme il le mériterait un sujet aussi important. Toutefois je ne l'envoie pas à l'imprimerie sans l'espoir que j'y ai ouvert un filon de pensées qui, suivi par d'autres doués de plus de force, de plus de science et de plus de talent, pourra conduire à quelques résultats utiles.

Clapham Common, Londres, 24 août 1883.

LA LOI MORALE
ET
LA LOI PHYSIQUE

PREMIÈRE PARTIE

COUP D'OEIL GÉNÉRAL SUR LA QUESTION

Il nous arrive constamment aujourd'hui de rencontrer, dans nos lectures, comme un fait universellement admis, cette affirmation que les esprits et les corps sont régis par des lois de même ordre. Cette assertion, il est vrai, on ne la formule pas d'ordinaire avec la précision qu'on serait en droit d'attendre de ceux qui l'émettent. Les essais de formules ne manquent pas sans doute, mais ils n'aboutissent pas toujours à un résultat satisfaisant. Les écrivains qui s'y essayent ne nous offrent que des formules d'un vague qui dépasse les limites de ce qui est permis dans les discussions philosophiques. Ce n'est pourtant pas le cas avec tous. Parfois l'auteur nous laisse voir clairement qu'il entend bien ce qu'il affirme et qu'il sait ce qu'il veut dire.

I

Parmi les tentatives faites pour exprimer l'opinion en question, je n'en connais pas de meilleure que celle-ci, due à un Anglais, John Stuart Mill, interprétant les idées d'un Français, Auguste Comte : « Tous les phénomènes, sans exception, sont gouvernés par des lois invariables, dans lesquelles n'interviennent aucunes volitions, soit naturelles, soit surnaturelles [1]. »

Une proposition comme celle-là produit une sorte de soulagement. Nous n'y trouvons pas trace de mystification, pas plus dans l'attribut que dans le sujet; on n'essaye pas de nous y donner, en guise de langage courant, de ces termes qui aspirent à venir au monde et qui ne survivront peut-être pas aux douleurs de l'enfantement; il n'y a pas même là de ces termes qui, en usage dans quelque école restreinte, n'ont pas encore droit de cité dans le grand public. Moins encore pourrait-on y trouver des termes détournés de leur sens reconnu et naturel. Il n'y a pas de dispute possible sur ce que l'auteur a voulu dire. Il s'agit de « tous les phénomènes sans exception », y compris les phénomènes des esprits, les phénomènes des corps vivants et les phénomènes des corps sans vie, — les phénomènes terrestres et les phénomènes célestes. Et, ce qui répond mieux encore à notre dessein, nous savons clairement aussi ce que l'écrivain a voulu nous dire touchant tous ces phé-

---

1. *Auguste Comte and Positivism*, 2ᵉ édition, p. 12.

nomènes; non pas qu'il nous le dise bien dans l'attribut de sa proposition, dont chaque mot au contraire est ambigu, mais il réussit à nous en montrer le vrai sens, en y ajoutant une clause explicative qui, fort claire elle-même, rend clair tout le reste. Tout ce que Mill affirme au sujet des phénomènes dans l'attribut de sa proposition, c'est qu'ils « sont régis par des lois invariables », expression aussi vague que le langage d'un écolier. Mais il l'éclaircit en ajoutant cette clause : « dans lesquelles n'interviennent aucunes volitions, naturelles ou surnaturelles ». Ceci jette une pleine lumière sur sa pensée, et nous montre que, lorsque Mill dit « lois invariables », il n'entend pas seulement ce que les termes signifient, des lois inaltérables, mais qu'il entend, ce que ses mots ne signifient pas, des lois inviolables, ou des lois qui ne peuvent être ni altérées ni violées.

A parler clairement, une loi invariable signifie une loi qui ne peut être altérée, et une loi inviolable une loi qui ne peut être enfreinte. Comte, avec son mot favori et vague « invariable », entend que ces lois ne peuvent être enfreintes, et c'est aussi là ce que Mill a voulu dire. Sachant cela, nous connaissons aussi ce qu'on entend par le terme « régir », un terme qui, sans cette lumière, serait aussi ambigu que le reste. La reine Victoria « régit » les Anglais, mais non pas au moyen de lois qui ne peuvent être ni altérées ni enfreintes. D'un autre côté, la température régit la congélation, la fonte et la vaporisation de l'eau, mais au moyen de lois qui ne peuvent être ni enfreintes ni altérées par aucune volonté humaine. De ces deux sens absolument différents du mot « régir », Mill connaissait bien celui que Comte avait en vue, et a expliqué en conséquence que, d'après lui, tous les phénomènes sans exception sont régis par des lois qui ne peuvent jamais être violées et jamais être amendées. Toutefois, même en disant ceci, il lui est arrivé de dire beaucoup plus qu'il ne voulait; car l'expression qu'il emploie est aussi large que possible.

II

Qu'on me comprenne bien, je ne prétends pas que ni Comte ni Stuart Mill aient jamais eu l'idée que la volonté humaine ne peut intervenir dans les lois qui régissent les phénomènes. C'est uniquement lorsqu'il est en train de construire son système que Comte affirme que les phénomènes ne peuvent être modifiés par des volontés naturelles ou surnaturelles. Mais cette idée était si loin de régler ses propres pensées qu'il parle fréquemment de phénomènes modifiés par l'homme. Il lui arrive même souvent (et à ses disciples avec lui), en parlant de telles modifications, de se laisser aller à dire que nous modifions les lois. Leur expression les trahit, et ils savent mieux que cela. Au fond, ce qu'ils entendent, c'est que, bien que nous ne puissions ni altérer ni enfreindre les lois physiques, nous pouvons à volonté les mettre en mouvement, et cela avec divers degrés de force; nous pouvons choisir dans quelle direction nous les mettrons en mouvement; nous pouvons changer cette direction; nous pouvons mettre l'une en mouvement dans une direction, une autre dans une autre, une troisième dans une direction qui traverse les deux premières, et ainsi de suite dans une série indéfinie de combinaisons.

Ce pouvoir de mettre les lois en activité, de changer la direction de leur action, de varier le nombre des lois mises en mouvement, équivaut en vérité à un formidable pouvoir de modifier les phénomènes; mais il n'équivaut, en aucune façon, à un pouvoir de modifier des lois. Il montre combien vague est l'expression qu' « aucune volition ne peut intervenir dans les lois », et combien il est inexact de parler de modifier des lois. C'est justement parce que nous avons le sentiment intime et universel que les lois elles-mêmes ne peuvent pas être modifiées, que nous les mettons avec confiance en activité, en vue de modifier des phénomènes. Modifier une loi ne signifie ni plus ni moins que l'altérer. Nul, parmi les nombreux écrivains qui parlent de modifier des lois, ne croit pour un moment que nous puissions altérer une loi physique, quelle qu'elle soit. La seule pensée de cette possibilité les ferait trembler. Le mécanicien d'un *steamer*, qui connaît sa machine, sourirait si vous lui demandiez de modifier la loi du feu, ou de l'eau, ou du fer, ou du cuivre, la loi de ce mouvement ou de cet autre, la loi de la température ou de la pression. Mais il sourirait également si vous lui disiez qu'il ne peut « intervenir » dans l'application de l'une ou de l'autre de ces lois, ou de toutes. Justement parce qu'il a la confiance que les lois du mouvement ne peuvent être altérées, il a le droit d'être certain de pouvoir modifier ce mouvement comme il lui plaira, et de le diriger en avant ou en arrière, de le rendre rapide ou lent, régulier ou intermittent. Empruntons une image au domaine moral, au lieu du domaine physique. Une cour de justice n'a aucun pouvoir pour changer la loi; mais c'est son affaire d'intervenir dans son application, de toutes les façons non contraires aux lois. Mais quand une fois une personne en est venue, par une confusion d'idées, à identifier l'altération des lois avec l'acte d'intervenir dans ces lois, elle accepte aisément une autre confusion et identifie la modification des phénomènes avec la modification de la loi.

Bien loin, par conséquent, de dire que Comte ou Mill, ou quelqu'un de leurs disciples, croient réellement que les esprits et les corps sont gouvernés par des lois de même ordre, je dois confesser que j'en suis à me demander si aucun homme peut, dans le silence de son âme, se dire à lui-même avec une conviction intelligente : Je crois que le discernement, le jugement et le choix, que la préméditation, l'arrière-pensée et la conception, que l'imagination et la conscience sont régis par des lois de même ordre que le poids et la mesure, la saveur et l'odeur, la couleur et la forme. Si complètement que l'intellect humain soit capable de rébellion contre les leçons de l'expérience, et de mépris pour les résultats acquis des recherches de l'humanité, je doute sérieusement qu'il aille assez loin dans cette direction pour permettre jamais à un homme, jouissant de toutes ses facultés, de s'asseoir sur une falaise au bord de la mer et de se dire : Ces enfants qui s'amusent sur le rivage sont régis par des lois de même ordre que les cailloux avec lesquels ils s'amusent. Je doute sérieusement que ces principes amènent jamais un homme à entrer dans une école et à dire : Les écoliers doivent être régis par des lois de même ordre que les bancs et les tables ; ou dans une manufacture : Les ouvriers doivent être régis par des lois de même ordre que les machines ; ou sur le pont d'un navire : L'équipage doit être régi par des lois de même ordre que les cordages et les mâts ; ou dans un grand laboratoire : Les étudiants doivent être régis par des lois de même ordre que les cornues et les poudres. Il me paraît plus que douteux, il me paraît incroyable qu'un homme, jouissant de sa raison et se plaçant devant le tribunal de sa conscience, comme nous pouvons tous le faire même au milieu d'une foule, puisse dire, sans que sa langue hésite, en présence d'une assemblée : Je crois que les pensées et les sentiments de ces hommes et de ces femmes, que leur assentiment ou leur désapprobation, que leurs sympathies et leurs antipathies, leurs joies et leurs chagrins, leur satisfaction d'eux-mêmes ou leurs remords, sont gouvernés par des lois de même ordre que la position des bancs dans la salle et celle des pierres dans la muraille.

III

Existe-t-il donc des lois de deux ordres différents ? A parler strictement, j'oserais à peine l'affirmer ; car ce qu'on appelle loi en physique n'est pas réellement loi, dans un sens scientifique ou philosophique, mais n'est ni plus ni moins que la règle, et ne peut être appelé loi que dans un sens métaphorique. Dans le royaume de la morale, nous trouvons la loi, au sens propre, en un sens qui est clair au philosophe, qui s'impose au juriste, que le peuple comprend, et qui s'est gravé dans tous les actes et dans toutes les pensées de l'humanité, depuis que ses premiers pas ont laissé leur empreinte sur les sables du temps. La loi, dans ce sens naturel et familier, est bien, dans le domaine de la morale, l'instrument qui préserve l'ordre entre l'homme et l'homme, et qui, de la sorte, préserve la société elle-même.

Cela étant, l'esprit humain perçoit que quelque chose d'analogue existe dans le domaine physique, quelque chose qui maintient l'ordre, entre l'atome et l'atome, entre la masse et la masse, entre une masse isolée et un groupe de masses, entre un groupe et un autre groupe, entre des corps au repos et des corps en mouvement, entre un groupe en mouvement et un autre également en mouvement; l'ordre à l'intérieur d'une masse homogène, de molécule à molécule; l'ordre entre des masses de propriétés différentes, entre élément et élément, entre composé et composé, entre solides et liquides, entre liquides et gaz; l'ordre entre minéral et végétal, entre végétal et animal; et l'ordre encore lorsque, quittant le domaine des corps sans vie, nous nous élevons dans une plus haute région, une région où le corps continue à être important, mais seulement dans la mesure où la toile du peintre et le marbre du sculpteur sont importants, c'est-à-dire comme le terrain sur lequel l'esprit, dans ses différents degrés de force, peut se déployer lui-même et agir sur d'autres esprits, qu'ils soient de rang égal ou qu'ils lui soient inférieurs ou supérieurs; car, comme tous les corps ne sont pas un même corps, ainsi tous les esprits ne sont pas un même esprit; comme il y a un corps pour les bêtes, un corps pour les poissons, un autre pour l'homme, ainsi il y a un esprit pour une créature et un autre pour chaque espèce de créature douée de conscience.

Dans cette région supérieure de la vie, nous trouvons l'ordre entre un animal et ceux de son espèce, l'ordre entre ceux d'une espèce et ceux d'autres espèces, l'ordre entre les animaux inférieurs et les supérieurs, l'ordre entre les animaux et l'homme, l'ordre entre l'homme et les végétaux, entre l'homme et les minéraux, l'ordre dans le corps entre un membre et un autre, entre l'œil et l'oreille, entre la main et les pieds, entre les poumons et les narines, entre le larynx et les lèvres, entre le cœur et le cerveau. Cet ordre s'étend dans l'immensité avec aussi peu de difficulté qu'il se montre dans un animalcule microscopique, l'ordre entre la terre et les autres mondes, un ordre tel que, malgré la vitesse avec laquelle ce lieu de notre habitation est emporté à travers l'espace, comme un aveugle s'avançant dans un chemin non frayé, au milieu d'autres globes également aveugles qui poursuivent leur course à sa droite et à sa gauche, tous ces mondes trouvent leur chemin et le suivent avec une régularité si parfaite que l'esprit humain a nommé harmonie leur action combinée.

Finalement, l'esprit découvre que l'ordre entre nous et ces mondes éloignés existe, non seulement en ce qui concerne les mouvements mécaniques auxquels il vient d'être fait allusion, mais dans les relations sensitives de la vie organique. C'est ainsi que notre blé croît dans une dépendance directe à l'égard d'un monde distant du nôtre de millions et de dizaines de millions de lieues. C'est ainsi encore que, pour mettre en mouvement le moulin qui moud le blé, l'eau coule et le vent souffle sous l'influence directe de cet autre monde qui, autant que nous le savons, n'a lui-même ni meunier qui attende pour moudre, ni mangeur qui réclame du pain. Cet ordre entre le soleil inanimé et nos champs également inanimés n'est pas destiné à s'arrêter à nos champs, mais s'étend plus loin, jusqu'à ces êtres de complexion fragile qui ne peuvent exister qu'en vertu d'harmonies complexes maintenues entre eux-mêmes et la terre sous leurs pieds et le soleil sur leurs têtes. Un tel ordre est en réalité si bien maintenu que, si chancelant que soit le pied d'un jeune enfant, il repose avec une parfaite tranquillité sur un globe qui tourne sur lui-même, court dans l'espace et est intérieurement embrasé. L'ouverture de l'œil humain est l'une des plus petites ouvertures, et le soleil est l'une des masses les plus considérables de notre système de mondes, et cependant l'adaptation entre les deux est si parfaite que, à travers une ouverture où une tête d'épingle ne pourrait pas entrer, nous parviennent de nobles jouissances, des révélations d'une portée presque infinie, et presque tout ce que nous nommons connaissances scientifiques. En présence de ces espaces si immenses qu'une ligne allant de la terre au soleil serait aussi impuissante à les mesurer que le doigt d'un enfant à mesurer les Alpes, il semblerait que l'ouverture de l'œil humain fût absolument insuffisante pour donner accès aux communications venant de l'infini ; et cependant par cette ouverture l'œil, qu'il appartienne au berger ou à l'astronome, devient comme le rendez-vous d'une multitude de mondes.

IV

L'esprit humain, en voyant maintenu cet ordre, à la fois si complexe et si bienfaisant, a le sentiment que, autant l'ordre est nécessaire dans le domaine de la morale pour conserver la société, autant, dans le domaine physique, il est indispensable pour conserver toute vie. Car, tandis que, sans ordre moral, la vie pourrait encore exister (bien que la société eût péri), sans ordre physique la vie elle-même serait une impossibilité.

Les moyens par lesquels l'ordre moral est maintenu portant le nom de lois, on a été amené, par assimilation, à donner le même nom aux moyens par lesquels un ordre tout différent est conservé dans le domaine physique. Si naturelle que soit cette assimilation, elle a le tort d'appeler du même nom deux choses fort différentes.

L'expression : loi physique serait équivoque, même si l'on écartait le danger de confondre des choses dissemblables. Quand nous disons : loi anglaise, nous voulons dire une loi faite par les autorités anglaises.

Quand nous disons : loi américaine, nous voulons dire une loi faite par les autorités américaines. Mais quand nous disons : loi physique, voulons-nous dire une loi faite par des autorités physiques? Ceux qui parlent le plus des lois qui nous gouvernent, cherchent à écarter cette question si naturelle en nous disant de ne pas nous enquérir des causes; car, disent-ils, les causes sont inaccessibles : enquérez-vous donc des lois, mais jamais des législateurs. Ils ajoutent sérieusement : Demandez *Comment?* mais jamais *Pourquoi?* Soyez un esclave, mais n'aspirez pas à être un enfant; car ce sont les esclaves qui ne demandent jamais *Pourquoi?* et le *Comment?* des choses, ainsi qu'un peu de réflexion le prouve, est souvent beaucoup plus « inaccessible » que le *Pourquoi?*

Que veulent-ils dire par leur terme « inaccessible »? Ils désignent ce qui est invisible, inaudible, intangible, ce qui ne peut être perçu par le moyen des sens[1]. Si on l'entend ainsi, il est bien vrai que les causes de la loi physique sont inaccessibles, et que les sens ne peuvent percevoir la cause originelle, au sens le plus

---

1. Comte lui-même, dans son *Discours sur l'esprit positif* — manifeste d'une maturité plus grande même que sa *Philosophie positive*, et moins marqué de son idiosyncrasie mentale que ses derniers ouvrages, tels que sa *Politique positive* et sa *Synthèse subjective* — emploie les expressions : « accessible à l'intelligence » et « accessible à l'observation », comme si elles étaient équivalentes. Ce qu'il permet, il le décrit comme des « recherches vraiment accessibles à notre intelligence » (p. 41). Ce qu'il dédaigne et ne prend pas même la peine de nier, ce sont « les conceptions quelconques de notre imagination, quand leur nature les rend nécessairement inaccessibles à toute observation » (p. 43). Il entend naturellement par là surtout ce qu'il appelle conceptions théologiques, c'est-à-dire tout d'abord la foi en Dieu et en l'immortalité.

élevé du mot. Toutefois la recherche de l'enchaînement des causes est le plus utile des chemins frayés par l'esprit humain. Un petit nombre des causes dûment constatées sont perçues par les sens; la grande majorité se trouve en dehors de la limite des sens, quoique les sens les aient suggérées à l'intuition et vérifiées pour la raison.

Mais en essayant d'émonder les plus hautes branches de notre intelligence, ces docteurs nous informent qu'il y a une branche que l'on peut laisser croître. Ils paraissent penser qu'il n'y a pas de danger, pour celle-là au moins, qu'elle aspire à monter vers les cieux, mais qu'on peut compter qu'elle se tournera toujours en bas. Ils nous concèdent le droit de nous enquérir des lois à défaut des causes. Mais les lois ne sont-elles pas aussi inaccessibles que les causes? Quelle est la loi physique qui soit visible, tangible, audible? Quelle est la loi que les sens puissent percevoir? Ne sont-elles pas toutes suggérées à l'esprit humain par le moyen des sens, comme l'inconnu suggéré par le connu? N'est-ce donc pas d'abord l'intuition qui les discerne, ensuite la raison qui les découvre, et finalement l'observation qui les corrobore? — non pas, remarquez-le bien, l'observation des lois elles-mêmes, qui, je le répète, ne tombent pas sous la perception directe des sens, mais l'observation des effets, des phénomènes et des rapports qui sont expliqués par la loi, et qui, à leur tour, en attestent la réalité.

C'est trop peu de dire que les causes ne sont pas plus inaccessibles que les lois. Elles le sont beaucoup moins. Dans dix mille cas, les causes des phénomènes ont été bien connues longtemps avant que les lois qui les gouvernent eussent été épelées ; et la connaissance de la cause d'un phénomène est d'ailleurs le meilleur point de départ pour arriver à la connaissance de sa loi. Nous savons tous que, dans certains cas d'insensibilité, ou même de mort, la cause est l'inhalation du chloroforme. Mais qui de nous connaît la loi par laquelle cette substance inhalée en une certaine quantité, produit l'insensibilité et, à une dose plus forte, la mort? La science cherche cette loi, et la trouvera probablement, longtemps après avoir été en possession de la cause, et après s'être longtemps servie du chloroforme en tâtonnant, dans un but philanthropique, en attendant qu'une claire connaissance de la loi nous permette de nous servir du chloroforme avec une certitude scientifique des proportions et des résultats. Il est vrai que la recherche des causes tend à nous conduire à une grande cause première. Est-ce une raison pour l'abandonner? Faudrait-il donc renoncer à l'étude des forces, parce que cette étude tendrait à nous conduire à une grande force centrale?

On sent bien que et la question *Pourquoi* et la réponse *Parce que* ont chacune deux pôles dont l'un indique une origine intelligente et l'autre un dessein intelligent. Et si nous devons renoncer à chercher les causes, nous devrons aussi renoncer à découvrir le dessein, ou, pour employer le langage de l'école, nous devrons abandonner la poursuite aussi bien des causes originelles que des causes finales. On nous permet, qu'on s'en souvienne bien, de chercher les lois, pourvu que nous enlevions à ce mot sa signification la plus naturelle, et que la loi soit seulement pour nous une règle morte, une règle découverte, il est vrai, par l'esprit, mais non établie par un esprit. Au fond, nous demander de renoncer à l'étude des causes et des desseins, c'est simplement nous demander de tronquer notre intelligence et cela à ses deux extrémités. Debout sur les rives du fleuve du Temps, on nous permet de nous enquérir de la largeur de son lit, d'étudier ses courants, ses bas-fonds, ses courbes; de nous occuper des poissons, des oiseaux, des bateaux et même des nageurs qui se montrent sur ses eaux; mais quant à cette fâcheuse tendance de notre esprit qui nous fait conclure de l'existence d'une rivière à l'existence d'une source à l'une de ses extrémités et d'une embouchure à l'autre, nous devons rabrouer cette tendance jusqu'à son entière suppression. Il se peut qu'il y ait des sages à Tombouctou tellement enfoncés dans les terres qu'il leur semble impossible de découvrir les extrémités du fleuve. Ce qui n'empêche pas l'esprit humain d'affirmer que le fleuve a une source, si éloignée soit-elle, et qu'il a aussi une embouchure, si éloignée soit-elle.

Il ne suffit pas de dire à l'esprit humain que certaines choses sont inaccessibles pour l'en détourner. Il aspire naturellement à l'inaccessible. Il sait que ce qui est inaccessible aujourd'hui sera accessible demain. Il sait que, dans le passé, c'est en scrutant ce qui avait été jusqu'alors inaccessible, que l'on a mis en lumière les choses qui sont aujourd'hui accessibles. En traversant l'Atlantique pour trouver les Indes, Christophe Colomb ne les trouva pas, mais il découvrit l'Amérique.

Je crois que c'est Lessing qui, dans une de ses fables, met en scène une poule, ou quelque autre oiseau de basse-cour, qui demande à un aigle : « Pourquoi construis-tu ton nid si haut dans les airs ? — Parce que, répond l'aigle, si je n'y habituais pas de bonne heure mes petits, ils ne pourraient pas voler à la face du soleil. » Voilà bien l'âme humaine, avec l'instinct qu'elle est originaire d'en haut et que sa sphère dernière est là-haut, parmi les choses « inaccessibles »; avec cet instinct qu'elle appartient à la famille des immortels, et qu'elle est le rejeton, non de la poussière, mais du Dieu infini. Or, au-dessous de l'infini, la plus grande prérogative est la possibilité d'un progrès éternel, qui nous élève du connu à l'inconnu, de l'accessible à l'inaccessible, du possible à l'impossible, de la pureté à une pureté plus grande, du bonheur à un bonheur plus haut, de la gloire à une gloire plus parfaite. Ce chemin de progrès vers l'inconnu et l'inaccessible, nous le suivrons joyeusement, obéissant à la fois à la nature et à la grâce, en dépit de l'injonction d'une certaine philosophie française qui nous interdit de rechercher les causes et de demander *Pourquoi?*

Si de la fausse monnaie était introduite dans un pays, il serait frivole de prétendre que la cause en est inaccessible et que tout ce qu'on peut faire est de chercher à en découvrir la loi. Je suppose que vous découvriez que la loi de l'alliage est une partie de métal vil contre trois de métal précieux, et que la loi de la frappe a été un seul coup de balancier pour chaque pièce; en quoi votre découverte répondrait-elle à la situation? Auriez-vous expliqué l'origine du phénomène? Auriez-vous satisfait l'esprit de celui qui cherche à être renseigné sur ce sujet? Non, vous auriez seulement indiqué les deux règles observées dans la fabrication de ces pièces, et à ces règles vous auriez donné le nom de loi. Mais si vous nous donnez cela comme une explication réelle, le simple bon sens écartera dédaigneusement et vous et votre explication. Nul n'admettra que la règle de proportion observée dans l'alliage en soit la cause, et l'on demandera justement quelle est la cause de cette règle. Tout le monde sait que cette cause est un être intelligent, une personne dont la volonté et l'autorité ont fait de cette règle une loi pour ceux qui ont frappé la fausse monnaie. Ce qu'il s'agit de découvrir, c'est la personne par l'autorité de laquelle cette règle de proportion a servi de loi pour la frappe de ces pièces fausses. Substituer la loi à la cause est une façon de raisonner aussi puérile que le serait la substitution de la méthode à l'intention, et ces deux erreurs sont en vérité fort semblables.

V

Une autre expression également équivoque est celle de recherches physiques. Quand nous parlons des recherches africaines de Livingstone, il n'est pas nécessaire d'expliquer que nous n'entendons pas des recherches dans Livingstone dirigées par l'Afrique, mais des recherches en Afrique dirigées par Livingstone. Mais lorsque nous parlons de recherches physiques, il devient vraiment nécessaire d'expliquer que nous n'entendons pas des recherches dans la pensée humaine dirigées par des corps sans vie, mais des recherches dans des corps dirigées par la pensée humaine. Les recherches physiques sont des recherches suggérées par l'esprit, commencées par l'esprit, continuées par l'esprit, guidées et variées par l'esprit, accueillies et acclamées par l'esprit. Elles ne peuvent procéder qu'en tenant compte des lois et des limites de l'esprit. Ces recherches physiques sont, à proprement parler, des recherches de l'esprit dans la matière.

Conséquemment, chaque loi physique représente les découvertes faites par l'esprit relativement aux règles de proportion et aux modes d'action qui prévalent dans les substances physiques, soit dans leur statique, soit dans leur dynamique, pour employer le langage de l'école. C'est par un acte de l'esprit que la possibilité de l'existence d'une telle loi a été suggérée. C'est par une série d'actes de l'esprit que son existence a été démontrée. C'est par un acte de l'esprit que l'expression de la loi a été formulée. C'est par des actes concomitants de divers esprits que l'expression de la loi a été acceptée, accréditée, établie comme l'une des lignes directrices de la science. C'est par une répétition continuelle d'actes semblables de l'esprit que sa place et son autorité dans la science lui sont conservées jour après jour. Une telle loi n'est donc physique que dans ce sens qu'elle est en vigueur dans le domaine de la physique. Mais lorsque nous parlons des lois d'une œuvre d'architecture, nous n'entendons pas des lois que la pierre, la chaux ou le bois ont établies eux-mêmes et appliquées pour eux-mêmes, ou des lois qu'ils auraient collectivement tirées d'eux-mêmes. Nous entendons des lois conçues par l'esprit d'un architecte, déterminées par sa volonté, et imprimées sur la pierre et le bois par des méthodes choisies par lui.

Mais à ce point, nos maîtres modernes froncent le sourcil. Ils nous accordent bien le droit de reconnaître la gloire de l'esprit humain dans la découverte des lois physiques; ils nous laissent libres aussi de reconnaître la beauté des proportions dans cet univers, proportions de poids, de mesure, de vélocité, partout où ces lois trouvent leur noble et harmonique expression. Ils nous accordent encore, quoique de mauvaise grâce, le droit de reconnaître une certaine harmonie entre l'esprit qui suppose et vérifie l'existence de ces lois, et l'univers extérieur où elles sont en action. Mais si nous nous avisons de prétendre que, de même qu'il a fallu un acte de l'esprit pour les découvrir, un acte de l'esprit pour les énoncer, et des actes de l'esprit pour les accepter et les vérifier, il a dû falloir de même en toute raison un acte de l'esprit pour les concevoir, un acte de l'esprit pour les imposer à la pierre, aux organismes ou aux rayons solaires, un acte de l'esprit enfin pour les ériger en lois actives, et que tous ces actes doivent avoir été réglés par un dessein; si nous prétendons cela, on hausse les épaules, et ce haussement d'épaules se croit scientifique. Qu'importe! Nous maintiendrons notre affirmation, et, en dépit des haussements d'épaules, nous avons le sentiment que tous les faits d'expérience sont de notre côté; car parmi toutes les choses inconnues dans les limites de l'expérience humaine, il n'y en a pas de plus parfaitement inconnue que l'établissement de règles de proportion et de méthodes d'action sans un esprit pour mesurer les étendues et pour préparer les plans, ou sans un but en vue duquel ces plans sont faits.

Arrivés à cette conclusion qu'il existe une intime relation entre notre esprit et les règles et les méthodes que nous découvrons dans les puissantes œuvres qui sont sur nos têtes, sous nos pieds, autour de nous et en nous-mêmes, — œuvres infiniment plus grandes et infiniment plus parfaites que nous n'en pourrions produire, — nous osons affirmer qu'il est raisonnable de penser que la correspondance entre notre esprit et ces règles et méthodes ne peut pas s'arrêter à notre esprit. Dans leur nature intime, aussi bien que dans leur surface apparente, elles doivent correspondre à l'esprit. Les règles, que nous appelons lois de la nature, correspondant, comme elles le font, à notre esprit, qui ne les connaît que dans une faible mesure, et qui doit pourtant les remarquer, les étudier et s'y conformer, doivent certainement correspondre aussi à un esprit qui les connaît toutes et qui nous connaît et qui connaît aussi tout ce qui nous est inconnu. Et c'est cet esprit-là qui seul a pu ériger ces règles et ces méthodes en lois qui gouvernent avec un sceptre de fer tous les agents inconscients et qui, à l'égard des agents intelligents, poursuit le double but d'assurer leur domination sur la nature inerte et d'enfermer cette domination dans des limites infranchissables.

Ces considérations générales suffisent pour indiquer combien essentiellement différentes sont la loi morale et la loi physique. Toutefois ces deux lois ont en commun un attribut d'importance suffisante pour expliquer qu'elles soient si aisément confondues.

DEUXIÈME PARTIE

DIFFÉRENCE ENTRE LES AGENTS RÉGIS PAR LA LOI PHYSIQUE ET LES AGENTS RÉGIS PAR LA LOI MORALE

La loi morale et la loi physique ont un caractère commun, qui explique la facilité avec laquelle on les confond; c'est que chacune d'elles détermine une classe de rapports entre un agent et d'autres agents. Rien que pour affirmer cela, nous sommes forcés d'employer les mêmes termes dans deux sens différents. Dans la proposition que nous venons d'énoncer, deux mots au moins sont dans ce cas, et l'on va voir avec quelles acceptions différentes ils sont employés.

Si je dis, par exemple, qu'une loi morale détermine une classe de rapports entre un agent et d'autres agents, et qu'une loi physique détermine une classe de rapports entre un agent et d'autres agents, il semble que j'aie formulé deux propositions avec deux sujets sans doute, mais avec un seul verbe et un seul régime. L'unité apparente des régimes provient simplement de la facilité avec laquelle l'esprit peut donner deux sens aux mêmes termes. On pourrait s'imaginer que je veux parler d'agents et de rapports de la même espèce, et dire qu'ils sont déterminés de la même façon. Et on peut se demander si certains écrivains, trop savants eux-mêmes pour faire cette confusion, n'emploient pas trop complaisamment des termes faits pour créer une confusion dans l'esprit de leurs disciples.

I

Quand je dis qu'une loi morale détermine une classe de rapports entre un agent moral et d'autres, et qu'une loi physique détermine une classe de rapports entre un agent physique et d'autres, il est évident que les deux ordres de lois diffèrent essentiellement quant aux agents soumis à leur action. Cette différence deviendrait plus frappante encore, si j'essayais d'affirmer qu'une loi morale détermine les rapports entre deux agents physiques, tels que l'eau et le feu, ou tels que l'oxygène et l'azote. Chacun sait qu'autant vaudrait parler grammaire à ces agents que leur parler morale, ou essayer de leur faire des offres d'argent que de leur proposer des lois. De même, si j'essayais d'affirmer qu'une loi physique détermine les rapports qui existent entre deux agents moraux, comme un père et son enfant, ou un frère et sa sœur, chacun me répondrait qu'il n'y a pas de lois, invariables dans leur action, qui règlent ces rapports ; or, toute loi physique est invariable dans son action, parce qu'elle est inviolable.

S'agit-il des rapports d'un père avec son enfant ?

Nous ne pouvons dire d'avance si les actes de l'un ou de l'autre leur seront agréables ou non, ni s'ils produiront sur leur entourage un effet bienfaisant ou démoralisant. L'un et l'autre cas peuvent se produire. De même dans les rapports d'un frère et d'une sœur. Remarquez encore que, quoi que fasse l'agent moral, il ne peut changer une loi physique. Un père brutal ne peut pas plus violer la loi physique avec la main qui fend le crâne de son enfant qu'un bon père avec la main qui l'arrache aux flammes. Un frère cupide, en s'emparant des biens de sa sœur, est aussi soumis aux lois physiques qu'un bon frère qui se charge de nourrir et d'entretenir la sienne. Et cependant, dans le cas du père brutal comme dans celui du frère cupide, des lois sont violées. Seulement ces lois-là ont été faites, non pour l'atome sans conscience, mais pour l'esprit conscient.

Mais ici, l'agent moral nous présente une difficulté. Nous pouvons savoir à quelle espèce il appartient, et ignorer son caractère. Nous pouvons connaître les qualités de son père et de son frère, sans être sûr que ces qualités seront les siennes. Nous pouvons savoir comment il devrait agir, nous ne savons pas comment il agira. Par exemple, nous savons que cet homme est père, mais ni les rapports moraux de père à enfant, ni la loi morale qui les règle, ne nous garantissent l'action invariable de cet agent. En dépit de tout ce qu'implique la nature de ces rapports, en dépit de toute l'autorité de la loi, c'est une question ouverte de savoir si ce père sera bon ou cruel, s'il aimera son enfant ou le fera périr. Et pour ce frère, malgré tout ce qu'impliquent les relations de frère à sœur, malgré le caractère sacré de la loi, c'est une question ouverte de savoir s'il aidera sa sœur ou la dépouillera. Au fond, ces deux questions se ramènent à celles-ci : Le premier violera-t-il la loi qui règle la conduite d'un père, ou s'y conformera-t-il ? Le second violera-t-il celle qui règle la conduite d'un frère, ou lui obéira-t-il ? Le seul fait que nous nous posons de telles questions prouve que nous sommes absolument en dehors du domaine des agents physiques, qui ne soulèvent jamais de tels problèmes. Au contraire, quand il s'agit d'agents moraux, ces questions ne peuvent pas ne pas se poser. Nous ne sommes plus ici dans le domaine de la certitude morte, mais dans le domaine élastique des probabilités.

Une probabilité, que nous ne pouvons pas admettre, il est vrai, c'est celle d'après laquelle un agent moral violerait des lois physiques, ce qu'il est tout aussi incapable de faire qu'un agent physique inerte; mais l'immense pouvoir qu'il possède de violer la loi doit s'appliquer à une loi qu'il connaît et qu'au fond il croit bonne. Et ce n'est pas tout; sachant qu'elle est bonne, sachant que c'est la loi, et une loi immuable, il sait également qu'il a le pouvoir de se séparer du bien et de violer la loi immuable qui le gouverne. Ce pouvoir effrayant, il le met en œuvre : et alors, il a conscience de s'être réellement séparé du bien, et d'avoir, ce qu'un agent physique n'eut jamais, une loi violée au-dessus de lui. Avec les agents moraux, nous ne sommes pas seulement dans le domaine des probabilités, nous sommes aussi dans celui de la conscience.

II

Voilà pour les agents moraux; voyons maintenant les agents physiques. Ici nous remarquons toujours ce fait : si l'on sait à quelle classe appartient un agent physique, on sait aussi quel est son caractère. Si l'on connaît les qualités de son semblable, on connaît les siennes. Une molécule d'hydrogène étant combustible, vous n'aurez jamais à déplorer qu'une autre molécule du même gaz ne le soit pas. Si vous savez comment un agent physique doit agir dans des circonstances données, vous savez par cela même comment il agira. La loi qui détermine ses propriétés et son action ne change pas et n'admet pas qu'on la viole.

Si l'on sait qu'un corps est de l'azote, on ne songera même pas à se demander : Est-ce qu'on ne parviendrait pas à le faire brûler en l'influençant de quelque manière? Car on sait bien que rien ne peut le rendre inflammable, parce qu'il est dans sa nature de ne pas brûler.

Voulez-vous un autre exemple? Si vous savez qu'une substance est alcaline, il est aussi inutile de lui défendre d'agir, en votre absence, comme un acide que de lui demander de se comporter toujours comme une base, que vous soyez là ou non. Sachant ce qu'elle est, vous savez ce qu'elle sera toujours; sachant ce qu'elle a fait une fois, vous savez ce qu'elle fera toujours : si c'est un acide, elle agira toujours comme acide, et si c'est un alcali, elle agira toujours comme alcali. Tant qu'on la laisse à elle-même, elle reste invariablement elle-même. Si on la modifie un nombre de fois quelconque, au moyen d'un autre agent, on pourra répéter indéfiniment la même expérience, et elle se comportera de la même façon, tant qu'on la modifiera de même. Si on la modifie autrement, elle agira autrement, mais toujours également, dans des circonstances données. A chaque modification nouvelle, elle nous présentera une phase nouvelle de son action, elle ne passera jamais d'une phase à une autre, si l'on ne change pas le mode de la modification. Au milieu de ces agents physiques, nous sommes donc descendus de la région sans limites des probabilités sur le rocher résistant de la certitude morte.

III

Une des conséquences de cette invariabilité dans l'action des agents physiques, c'est que jamais aucun d'eux n'est troublé par cette question : Aurai-je tort, dans cette circonstance, d'agir de telle ou telle manière? Leur action est toujours conforme aux relations d'agent à agent, telles qu'elles ont été établies à l'origine, et c'est aussi conformément à une règle préétablie qu'ils subissent de nouvelles modifications. Aussi ne sont-ils jamais troublés par cette question : Ai-je trompé l'espoir que l'on fondait sur moi? Ai-je, par mon inconstance, empêché une combinaison utile? L'agent physique ne peut pas mal agir; il ne peut ni mal jouer son rôle, ni tromper les espérances, ni être inconstant ou hésitant. Avec les agents physiques, nous ne sommes pas seulement au-dessous du domaine des probabilités, mais au-dessous du domaine de la conscience, c'est-à-dire dans un domaine où il n'y a pas de faute possible et où n'ont place ni le remords ni le blâme.

Nous avons donc ici une classe d'agents qui ne connaissent pas les lois auxquelles ils sont soumis ; des agents que l'on ne peut ni tenter ni conseiller ; des agents qui, laissés à eux-mêmes, ne changent jamais, et qui, si on ne les laisse pas à eux-mêmes, se modifient toujours de la même façon, dans les mêmes circonstances ; des agents qui ne savent rien des autres agents qui peuvent agir sur eux, qui ignorent si c'est de leur propre volonté ou involontairement qu'ils les modifient, s'ils ont un dessein en le faisant ou s'ils n'en ont pas. C'est à cette classe-là qu'appartiennent tous les agents que produit la chimie, tous ceux que découvre la physique, tous les composés naturels et artificiels et tous les éléments du Cosmos. Parmi ces agents, nous ne sommes donc pas seulement au-dessous du domaine de la conscience, nous sommes au-dessous de celui de la pensée.

Allons plus loin. Qu'importe que le fer d'une chaudière n'ait aucune connaissance des plaques et des écrous et qu'il ne connaisse ni ingénieurs, ni armateurs, ni compagnies de chemins de fer ? qu'importe qu'il n'ait jamais entendu le sifflement de la vapeur, qu'il n'ait eu part à aucun projet de voyage sur les fleuves ou à travers les montagnes, ou autour du monde ? Qu'importe qu'il n'ait pas connu les plans de machines qui remplissent les albums des ingénieurs et dont chaque partie sera façonnée un jour ? Qu'importe enfin que ce fer ignore que, lui-même, il jouera un rôle dans l'accomplissement de ces voyages ou dans la fabrication de ces machines? Dès qu'on l'y appellera, il sera prêt à jouer ce rôle; il obéira à sa loi, et ne trompera pas l'attente de ceux qui le mettront en œuvre. De tous leurs serviteurs, même les mieux payés, aucun ne mérite autant de confiance. Va-t-on le récompenser au moins, ce fer? On ne songe pas même à le remercier. Et pourquoi cela? Parce qu'il ne fait rien qu'il lui soit possible de ne pas faire. Il ne peut pas choisir; il ne peut pas, à son gré, aller au-devant du travail ou s'y refuser, ou être bien ou mal disposé envers ceux qui l'emploient. Il est au-dessous du domaine de la volonté, comme il est — il est à peine besoin de l'ajouter — au-dessous du domaine de la sensation.

Ainsi donc, nous ne chercherons pas le redoutable attribut de la liberté, c'est-à-dire le pouvoir de violer la loi, chez des agents qui n'ont ni conscience, ni pensée, ni volonté, ni sensation. Nous avons vu que l'agent moral, incapable de violer la loi physique, peut violer la loi morale. Mais l'agent physique ne peut violer aucune loi, ni physique ni morale. La liberté de l'agent moral, si féconde qu'elle soit en résultats, a cependant des limites bien marquées. Pour les agents physiques, la liberté ne signifie rien, parce qu'elle n'existe pas. L'agent physique obéit à une loi qu'il ne peut ni approuver ni désapprouver. Il suit une marche dont il ne connaît ni l'origine ni le but. Et c'est ainsi qu'il sert d'instrument invariablement fidèle à la pensée et à la volonté, deux puissances qui se meuvent dans une région qui est au-dessus de lui.

IV

Supposons maintenant que l'instrument ne soit pas inerte, mais que, comme l'agent moral, l'agent physique puisse, dans les mêmes circonstances, suivre des voies opposées, de sorte qu'on ne puisse jamais prédire sûrement quelle sera son action. Quelle en serait la conséquence? L'homme serait privé de tout instrument auquel il pût se fier, et il ne parviendrait jamais à établir sa domination sur la nature inanimée. Mais supposons, d'un autre côté, que l'agent moral ajoute à son pouvoir de violer la loi morale celui de violer aussi la loi physique; quel en serait le résultat? L'ordre physique lui-même en serait troublé et le lieu d'habitation de l'homme courrait le risque d'être détruit par la faute de l'homme, comme une maison brûlée par son propriétaire ou un vaisseau coulé par son capitaine. Celui qui a dit : « Tu ne peux rendre blanc ou noir un seul de tes cheveux », était loin d'enseigner que le caprice humain pût mettre de côté la loi physique. Celui qui raconte comment, à la volonté de l'homme, des greniers peuvent être abattus et remplacés par d'autres plus grands, était loin d'enseigner que la volonté de l'homme ne peut pas modifier les phénomènes physiques.

On peut se demander tout naturellement comment nous appelons agents des instruments inertes, incapables de se conduire eux-mêmes et privés de conscience? C'est dans le sens le plus naturel, et ce terme nous sera fort utile, pourvu que nous nous souvenions qu'il appartient au langage courant plutôt qu'au langage scientifique, et c'est là une distinction que bien des gens ne font pas. A proprement parler, un agent n'est pas nécessairement celui qui projette une action, ou qui la dirige; c'est celui qui l'accomplit, qu'il obéisse à sa volonté ou à celle d'un autre. Il agit, non pas toujours consciemment, mais en vue d'un dessein; il accomplit un acte physique, pour donner effet à un acte de volonté, qu'il s'agisse de sa volonté ou de celle d'autrui [1]. Aussi, quand nous avons recours à des corps inanimés pour réaliser nos desseins, pour transformer en acte physique l'acte de notre volonté, il est naturel que nous appelions ces corps des agents. Et lorsque, dans des sphères que nos volontés n'atteignent pas, nous voyons des corps inanimés suivre une marche grandiose, que nous ne pourrions leur imposer, et qu'à vrai dire, nous avons parfois de la peine à comprendre, quoique notre existence y soit rattachée, il nous est naturel de personnifier la force qui les fait agir, de l'appeler la Nature, et de nous représenter ces corps comme ses agents. Et ayant appelé une fois un

---

[1]. Le professeur Sheldon Amos, dans sa *Science de la Jurisprudence*, définit ainsi le Principal, comme il l'appelle, et l'Agent : « C'est la personne qui désire et qui veut, et c'est la personne qui agit, dans le sens le plus strict du mot agir, c'est-à-dire qui met en mouvement les muscles qui doivent produire l'effet désiré. Dans ce cas, toute la responsabilité morale est partagée entre le Principal et l'Agent » (p. 90). Mais il est clair qu'un agent humain désire et veut, aussi bien que le *principal* moteur. Il ne prépare pas l'acte, il peut ne pas l'approuver ou l'aimer. Mais il comprend l'intention et la volonté du *principal*, sans quoi il ne pourrait pas être son agent. Et, pour ce qui est de lui, il a l'intention et la volonté de mettre en œuvre, pour des raisons qui sont bien à lui, les plans d'un autre.

instrument inconscient un agent, il est commode de continuer la même figure de rhétorique et de lui attribuer la fidélité et d'autres qualités du même genre.

V

Cette rhétorique cesse d'être inoffensive dès qu'on se met à la prendre au sérieux et à attribuer véritablement à des corps inanimés des qualités qui ne leur appartiennent que par une accommodation du langage courant. Rien n'est plus aisé, une fois entré dans cette voie dangereuse, que d'y marcher à pas de géant. On commence par attribuer à des atomes inconscients diverses facultés d'ordre spirituel, pour en arriver, par un dernier effort, à leur attribuer la faculté de produire des créatures intelligentes et de se substituer ainsi à l'Intelligence créatrice. Et non seulement on leur attribue la puissance d'avoir façonné notre monde avec tout ce qu'il contient, mais encore celle de maintenir, dans les espaces glacés de l'infini, cette balance des forces inter-cosmiques qui est peut-être, de toutes les merveilles de l'univers physique, la plus éloquemment merveilleuse.

Quelque naturelle que soit donc l'attribution de qualités spirituelles à des agents physiques, et quoiqu'elle représente une manière de sentir familière à l'esprit humain depuis les âges les plus reculés, nous ne saurions lui continuer notre indulgence lorsqu'elle prétend, fort naturellement d'ailleurs, dépouiller les agents moraux, arrêter quelques-unes de leurs plus nobles activités mentales et les réduire, en dernière analyse, à l'état de simples agrégats d'atomes, régis par des lois inviolables, et incapables d'être affectés par la volonté. Appelez agents de simples instruments, par une licence poétique, si cela vous plaît, mais ne changez pas les agents en simples instruments, au moyen d'une fiction quelconque. Interdisez aux agents physiques de rechercher les causes, ou de se préoccuper du dessein des choses, et vous ne risquez pas qu'ils vous désobéissent. Ils ne vous obéiraient plus si vous leur demandiez au contraire d'étudier les lois et de généraliser les faits. Les lois, les faits, l'étude, la généralisation sont le patrimoine de votre nature, avec laquelle ils n'ont rien de commun. Ils ne sauraient s'élever jusqu'à elle ni résister à la domination qu'elle exerce sur eux, dans certaines limites que ni eux ni vous n'avez établies et qui existaient avant vous et avant eux.

Il n'est pas nécessaire d'en dire plus long pour établir le fait que les lois morales et les lois physiques diffèrent par rapport à l'espèce d'agents, ou de sujets, pour employer un autre terme, qu'elles gouvernent respectivement. Mais je dois ajouter un mot relativement aux modes divers d'action des lois sur chaque classe d'agents. Une loi morale peut commander aux anges, aux hommes et même, d'une façon obscure et à un faible degré, aux animaux inférieurs; mais elle ne pourra jamais gouverner un agent purement physique. Son action ne s'étend pas au delà de la limite qui sépare le domaine de la vie de celui de l'absence de vie. Tous les gaz, toutes les terres, tous les rochers, tous les éléments, toutes les forces de la lumière, de la chaleur, de l'électricité, du magnétisme et de la gravitation sont d'accord pour ne pas plus s'inquiéter d'un commandement ou d'une prohibition que d'un souffle de vent, et pour ne pas faire plus de cas d'une offre de récompense que d'une menace de châtiment. L'autorité n'a aucune action sur eux ; ils ne sont sensibles qu'à la force. D'autre part, une loi physique peut gouverner l'intérieur du soleil, ou l'écorce d'un astéroïde, ou les globules de la queue d'une comète, ou le granit de nos montagnes. Elle peut gouverner tout ce qui existe dans l'immense espace qui s'étend entre nos yeux et l'étoile la plus lointaine. Mais elle ne gouverne pas les pensées d'un agent intelligent. Elle ne peut pas régler la marche de ses raisonnements, de ses désirs, de son imagination, de ses inventions, de ses espérances, de ses craintes, de ses affections. Elle ne dit jamais : Tu dois ! ou : Tu ne dois pas ! L'idée de recommander à un diamant de ne pas imiter le rubis est si absurde qu'elle n'est jamais entrée dans un cerveau humain. Et cependant on entend tous les jours des hommes, qui ont noblement agrandi, par leurs recherches physiques, l'empire de l'esprit sur la matière, dogmatiser à perte de vue, et parfois en termes innocemment grotesques, sur la prétendue supériorité de la matière sur l'esprit ; on pourrait croire, à les entendre, que la loi physique gouverne par ordres et par prohibitions. La vérité est que les agents sans volonté ne peuvent pas être influencés par des ordres ou par des prohibitions, parce qu'ils ne disposent que de forces irrésistibles, et non de facultés intelligentes ; et, d'autre part, les agents doués de volonté peuvent être gouvernés, et sont gouvernés en effet, par des ordres et par des prohibitions, alors que la force se montre impuissante à les régir. En se soumettant à la force, ils se sentent dégradés; la force est faite pour gouverner des outils et non des hommes. En obéissant à l'autorité légitime, ils se sentent dans l'ordre, ils reconnaissent qu'elle a droit au respect d'agents doués de volonté.

Si telle est la différence qui existe entre les agents placés sous la loi physique et ceux soumis à la loi morale, les rapports établis par ces deux lois sont-ils d'un seul et même ordre?

TROISIÈME PARTIE

LES DIFFÉRENTS RAPPORTS ÉTABLIS
PAR LA LOI PHYSIQUE ET PAR LA LOI MORALE

La question qui se pose à nous maintenant est celle-ci : Les relations établies sous les lois physiques et les relations établies sous les lois morales sont-elles du même ordre? Nous appelons relations les rapports de nature morale que des personnes entretiennent ensemble. Mais s'il s'agit de deux globules ou de deux masses de matière étroitement unies, nous parlons plutôt de corrélation que de relations.

Quel est le genre de rapports que nous trouvons établi parmi les corps célestes, dont nous avons une connaissance susceptible de démonstration rigoureuse et au sujet desquels nous pouvons nous livrer à des prévisions plus certaines que dans aucun autre domaine scientifique? Ce sont d'abord des rapports d'illumination et de réflexion, sans lesquels l'existence de ces corps et leurs phénomènes seraient hors de notre portée. Ces rapports impliquent-ils quelque idée de droits et de devoirs réciproques? Non, et cependant ils impliquent un grand problème intellectuel : comment projeter l'action d'un corps à travers les gouffres béants de l'espace, de telle façon qu'il agisse là où il n'est pas? Et ce problème, il est merveilleusement résolu sous nos yeux. Nous trouvons aussi entre les corps célestes, des rapports de grandeurs; mais ces relations impliquent-elles, de la part des plus grands astres, quelque tendance au mépris? ou, de la part des moindres, quelque tendance à l'envie? Nous constatons des rapports de nombre; mais impliquent-ils aucune idée d'abondance ou de disette, aucune idée de calculs honnêtes ou malhonnêtes? Nous constatons des rapports de mouvement; mais impliquent-ils aucune idée de circonspection? Nous constatons des rapports de vélocité; mais impliquent-ils aucune idée d'émulation? Nous constatons enfin des rapports de distance; mais impliquent-ils aucune idée d'isolement, d'ennui ou d'impatience?

I

La relation dominante est ici un rapport d'espace, sous ses formes diverses d'extension, de nombre, de distance et de mouvement. L'extension correspond chez l'homme à l'idée de continuité; le nombre à l'idée de division ou de solution de continuité; le mouvement à l'idée de changements, par lesquels les corps se transportent d'un point de l'espace à un autre, en passant par un certain nombre d'autres points; la distance, enfin, correspond à l'idée d'extension, entendue non dans le sens d'une mesure prise sur des corps continus, mais sur l'espace qui va de l'endroit où un corps finit à celui où un autre commence.

Mais dans toutes ces variétés de rapports, l'esprit ne trouve jamais trace de relations morales. Ce qui n'empêche pas qu'il rencontre, à chaque pas, de grands problèmes intellectuels, avec leurs solutions incomparablement belles, comme, par exemple, les problèmes de la coopération à travers les abîmes pratiquement incommensurables du vide, et des vélocités incompréhensiblement rapides, toutefois parfaitement aisées, mettant en mouvement des masses énormes, dont les routes ont de nombreux points d'intersection, mais qui sont toutes sagement combinées.

Une autre chose mérite d'être notée dans cette sphère; c'est que l'esprit y trouve, plus que dans tout autre domaine de ses connaissances, cette certitude qu'il cherche vainement ailleurs, et qu'il peut y exercer ce pouvoir de prédiction qu'il aurait l'ambition d'exercer en toutes choses. Il faut aussi se rappeler que, dans la science des corps célestes, l'esprit ne peut compter que sur l'aide d'un seul sens sur cinq. C'est dans le domaine où nous avons le minimum de sensation que nous obtenons le maximum de certitude. Dès que l'esprit s'élance en dehors de notre monde, il n'a plus rien à attendre du tact, du goût, de l'odorat et de l'ouïe; la vue seule peut lui venir en aide, et cela jusqu'aux limites visibles du monde stellaire. Arrivée là, la pensée se résigne difficilement à ralentir son vol et demande : Qu'y a-t-il au delà? Et s'élançant encore, non dans le vide infini, mais au milieu de tous ces astres inconnus, auxquels la sagesse éternelle a donné naissance, elle admire avec joie cette puissance du Créateur qui maintient ces mondes chacun à sa place.

II

Les relations des corps célestes que nous venons de mentionner sont « accessibles », pour employer le langage de l'école positiviste, c'est-à-dire qu'ils sont perçus par les sens, du moins par l'un de nos sens. Mais n'existe-t-il pas d'autres rapports, tout aussi connus que ceux que perçoit la vue, mais d'une nature telle qu'aucun sens ne peut les percevoir? Auquel de nos sens, par exemple, est « accessible » la gravitation, cette maîtresse relation qui rattache chaque atome à chaque atome, relation qui existe également dans le soleil, dans l'astéroïde, dans la comète, dans l'étoile filante et qui agit aussi régulièrement à une distance d'un million de milles qu'à une distance d'un pouce? qui a jamais entendu sa voix, ou vu sa forme?

Devra-t-elle donc être considérée comme une inconnue ou comme une fiction théologique? Non, quoique imperceptible aux sens, elle est constatée par une opération de l'esprit. L'esprit humain affirme connaître la gravitation par une démonstration telle qu'aucune sensation ne saurait la contredire. Ses effets proclament hautement une telle cause, et la cause, une fois reconnue, explique tous les effets. La connaissance que nous avons de la gravitation équivaut à une certitude aussi irréfragable que celle que nous possédons relativement à la lumière ou à la chaleur.

Il est une autre série de rapports qui se trouvent placés aussi complètement en dehors de l'atteinte des sens que ceux de la gravitation, et dont nous admettons l'existence pour les corps célestes, comme nous l'admettons pour les corps terrestres, bien que, pour ces derniers seulement, ils puissent être vérifiés par les sens. Je veux parler des rapports de cohésion, qui unissent atome à atome dans une substance élémentaire, comme la gravitation enchaîne les masses aux masses dans l'univers. Nous croyons que, dans le soleil, comme sur la terre, les atomes d'une substance élémentaire, par une attraction élective qui leur est propre, s'attachent l'un à l'autre de façon à se former en molécules et en masses. Cette attraction élective est différente de l'attraction confuse de la gravitation, mais lui est subordonnée et agit en parfaite harmonie avec elle. Mais, en croyant à l'existence de cette cohésion dans les corps élémentaires des planètes et des étoiles, nous n'avons, pour nous guider, l'aide d'aucun de nos sens. Nous sommes en vérité sur le même terrain que dans le cas de la gravitation. Toutefois nous n'avons pas, pour ce qui est de la cohésion, l'induction surabondante et la déduction correspondante qui, en ce qui concerne la gravitation, remplace la perception par les sens. Nous n'avons ici que l'analogie. Mais cette analogie, confirmée par toute notre expérience et par notre nature elle-même, nous apporte, à elle seule, une connaissance aussi digne de foi que celle que pourrait nous apporter la sensation. Nous l'acceptons comme suffisante. Il est certain que nous ne connaissons pas le phénomène de la cohésion dans le soleil et dans les étoiles, par les mêmes moyens que ceux qui nous ont enseigné la loi de la cohésion des corps terrestres; mais nul ne songerait à la mettre en doute pour cela.

Les révélations du spectre solaire ont sans doute mis certaines conditions chimiques des corps célestes à la portée de notre sensation, d'une façon indirecte et par voie d'induction. Mais l'effet intellectuel de cette découverte n'est pas de rendre plus certaine qu'auparavant notre persuasion relativement à la cohésion des corps célestes, mais d'*illustrer*, si je puis ainsi dire, à nouveau et admirablement son existence. Cette découverte montre surtout à quel point l'esprit a dompté la matière, puisqu'à travers la substance du prisme il peut lire quels métaux flottent dans l'atmosphère des autres mondes, et puisqu'il peut aussi se servir de la lumière pour imprimer sur le papier ce que la lumière révèle.

III

Nous avons remarqué comme une règle de notre connaissance des phénomènes physiques que c'est justement lorsque nous avons le minimum de sensation que nous avons le maximum de certitude. Ce que nous venons de dire nous amène à formuler une autre règle, à savoir que les deux propriétés des corps qui, par-dessus toutes les autres, sont fondamentales et formatrices, la gravitation et la cohésion, ne sont perceptibles à aucun de nos sens. La même règle s'applique à une troisième propriété, qui leur ressemble par son universalité et sa puissance formatrice, je veux dire l'affinité chimique. Les corps peuvent être lumineux ou non lumineux, en mouvement ou au repos; chacun d'eux n'en obéit pas moins à la loi de gravitation et de cohésion. Nous pouvons dire : sans molécules et sans masses pas de corps étendus; mais sans cohésion pas de molécules, et sans gravitation pas de masses, et, à plus forte raison, pas de systèmes de masses largement séparés l'un de l'autre et se mouvant ensemble avec harmonie.

Puisque je parle des règles qui régissent notre connaissance des phénomènes, une troisième vaut la peine d'être notée. C'est celle-ci : que nos connaissances terrestres les plus hautes et les plus variées nous viennent par celui de nos sens qui ne peut agir que dans un milieu de provenance céleste. Le tact, le goût, l'odorat, l'ouïe sont purement terrestres, c'est-à-dire s'exercent dans les limites de notre globe, sur les substances solides, liquides ou gazeuses qu'il contient. Mais la vue est plus que terrestre. Elle est tributaire des secours quotidiens qui lui viennent à travers l'étendue infranchissable. La vue est le sens cosmique. Elle nous met en présence d'autres mondes que le nôtre; elle nous fournit des indications sur la manière dont ces autres mondes agissent sur le nôtre; elle met nos organes, nos sensations les plus délicates, nos pensées les plus élevées en relation directe avec le ciel. Elle nous apporte la preuve physique qu'au point où finit l'habitation terrestre de l'homme, là commencent ses relations les plus grandes. Nous ne pouvons arriver aux sources d'où coulent les divers fleuves de lumière qui, de jour et de nuit, réjouissent notre vue. Toutefois leur gloire et leur beauté élèvent en haut nos recherches, comme pour nous apprendre combien limitée est notre connaissance dans le domaine des choses que nous aspirons à connaître. Et nous ne saurions trop nous souvenir de ce fait, hautement affirmé par l'expérience de chaque jour et de chaque heure, — que la connaissance si nécessaire que nous avons des choses les plus communes, telles que l'apparence de notre maison, la forme de notre visage, la différence entre le sapin et le chêne, entre le blé et le seigle, dépend de cette influence venue du ciel, à travers l'abîme infranchissable de l'espace et que nous nommons lumière, — la lumière que Dieu appela bonne au commencement et que nous appellerons bonne tant que nous vivrons.

IV

Nous apprenons donc ici que des pesanteurs, des dimensions, des états solides et des états mous existent en dehors de l'action du toucher; que des corps donnant une saveur douce ou amère existent en dehors de l'action du goût; que d'autres corps qui émettraient des odeurs, si nous pouvions en approcher, existent en dehors de l'action de l'odorat; que des mouvements qui, sur la terre, seraient accompagnés de bruits, se passent en dehors de la portée de l'ouïe; et que des forces de l'activité universelle, ayant un rôle essentiel dans le système des mondes, existent en dehors de la portée, si étendue pourtant, de la vue et opèrent avec une prodigieuse puissance, quoique cachées à tous nos sens, mais clairement révélées à la raison par leurs effets et gravées d'une façon indélébile dans notre croyance.

Mais pourrions-nous croire que ces relations des corps impliquent un bien moral quelconque? qu'elles ont quelque tendance à donner naissance à la confiance ou à la suspicion, à la gratitude ou à la défiance, au courage ou à la lâcheté, à l'égoïsme ou à l'esprit de sacrifice, au sentiment du devoir, à l'attachement au devoir ou au mépris du devoir? De pareilles relations ont-elles quelque tendance à produire des conflits de volontés, de l'approbation ou du blâme, des récompenses ou des punitions, quoi que ce soit enfin qui se rattache à l'idée de droits et de devoirs réciproques?

V

Si nous laissons ces objets lointains d'étude, où la vue est le seul sens qui puisse être le serviteur de la pensée, et si nous en venons aux objets rapprochés, où tous les autres sens sont à son service, trouvons-nous que le mot « rapport » signifie la même chose ou des choses similaires lorsqu'il s'applique, d'une part, à des rapports physiques et, de l'autre, aux rapports d'agents moraux entre eux? Prenons un corps élémentaire quelconque; nous découvrons qu'il y existe des rapports de similarité et de cohésion. Les particules du lourd platine, par exemple, et celles du léger hydrogène, sont respectivement semblables les unes aux autres et sont adhérentes, les unes d'une manière plus serrée et les autres d'une manière plus libre. Est-ce que, dans l'un et dans l'autre cas, il y a la moindre trace de signification morale dans ces rapports? Si nous parlons de similarité, c'est simplement par suite de l'habitude de langage qui nous fait attribuer aux corps les actes de l'esprit et à l'esprit les propriétés des corps. La similarité de deux cailloux ne constitue aucun lien entre eux, n'établit aucune relation, ni étroite ni éloignée, ni affectueuse ni réservée, ni proportionnée ni disproportionnée. Toute idée d'un rapport est l'acte de l'esprit qui voit la ressemblance. Cette ressemblance établit entre ces deux cailloux une relation pour l'esprit, et, quoique en dehors de lui ils ne puissent avoir aucune relation, l'esprit ne saurait ignorer cette relation. Elle représente la correspondance entre l'esprit et les choses qui lui sont extérieures. Elle est réelle et peut avoir une grande importance. Elle peut signifier que ce caillou faisait autrefois partie des roches de la même famille que l'autre, ou qu'il y a là un gisement de pierres précieuses. On sera peut-être conduit à chercher d'où peut provenir le second caillou, et à découvrir de riches gisements. Il est donc évident que le langage est en faute, non en intimant l'idée d'un rapport entre les deux cailloux, mais en ayant l'air d'affirmer un rapport conscient là où il n'y a qu'un rapport perçu par l'esprit humain. Ce que nous disons ici des rapports de similarité s'applique avec une égale force à ce qu'on appelle les rapports de succession. Là encore il n'y a, à proprement parler, de relations que dans l'esprit de l'homme. Je parle, bien entendu, des rapports de simple succession, et j'affirme qu'ils n'impliquent aucun lien entre les deux corrélatifs.

Ce que nous venons d'affirmer pour les rapports de similarité, ne s'applique pas aux rapports de cohésion. Ceux-ci comportent quelque chose de plus qu'une simple ressemblance, je veux dire une intime parenté. Ils indiquent, de la part de deux molécules du même corps élémentaire, une prédisposition parfaitement réciproque à adhérer l'une à l'autre et à entretenir des rapports réels. Ils indiquent qu'aucune particule n'existe pour elle-même, mais que sa nature même la rattache à d'autres particules. Ils indiquent que, si chaque particule existe pour les autres, c'est pour des particules de même sorte tout d'abord, et secondairement pour d'autres de différentes sortes.

Ici de nouveau se présentent des problèmes intellectuels : le problème de l'unité dans la multiplicité, le problème de l'affinité entre des corps inconscients, le problème de la sélection par des choses incapables de comparer. Ces problèmes s'offrant à nous tout résolus, nous oublions combien insolubles ils nous paraîtraient si nous avions à les résoudre. Mais quelles considérations morales s'élèveront jamais de telles relations ? Des molécules d'hydrogène et des molécules de platine ne soulèveront jamais entre elles une question morale. Laissées à elles-mêmes, elles ne donneraient pas même lieu à ce qu'on appelle des rapports de succession, car succession implique changement, et, abandonnées à elles-mêmes, elles ne se modifieraient ni elles-mêmes ni l'une l'autre ; leur seul rapport avec le temps serait la durée.

VI

Quand nous passons de l'observation d'un corps élémentaire isolé à celle des rapports qui existent entre un élément et un autre, nous arrivons à cette conviction que la sélection par laquelle une molécule adhère à d'autres de même nature, de préférence à des molécules appartenant à d'autres éléments, est seulement la première dans une longue série de prédispositions communes à tous les corps, d'harmonies préétablies, non parmi des monades métaphysiques, mais parmi les molécules et les masses physiques, et qui ne sont pas créées par l'imagination, mais démontrées par l'observation. De même que, dans un corps élémentaire, la cohésion va d'une molécule à sa voisine, ainsi, entre deux éléments différents, l'affinité va des masses de l'un à celles de l'autre. Et de même qu'aucune molécule n'existe pour elle-même, aucun élément non plus n'existe pour lui-même. Toutefois son affinité avec d'autres n'est pas indifféremment la même pour tous. La prédisposition des masses d'un élément à se combiner avec ceux d'un autre élément, plutôt qu'avec tout autre, est à la base des corps composés exactement comme la prédisposition des atomes à s'attacher à leurs semblables est à la base des molécules et des masses homogènes. De plus, leur prédisposition à se combiner avec d'autres éléments dans des proportions fixes, et dans ces proportions seulement, sert de règle pour la formation de corps composés et pour les distinguer d'une manière permanente, une fois formés. En tout ceci nous voyons encore des problèmes intellectuels tout résolus, que nous aurions trouvés insolubles, si nous avions eu à les résoudre. Mais où donc en tout cela trouverait-on un lien moral quelconque entre les choses mises en relation? où trouverait-on une qualité morale dans leurs actions et dans leurs réactions?

Passons des corps élémentaires à ces manifestations supérieures de la nature que les anciens appelaient les éléments, la terre, l'eau, l'air et le feu. Nous remarquons qu'ils sont étroitement associés et qu'ils s'entremêlent. Toutes les terres sont pénétrées par l'eau, l'air et le feu (ou la chaleur). Sans cela la terre serait impropre au rôle qu'elle joue à l'égard des plantes et des animaux. Les eaux, de leur côté, sont pénétrées, dans la mer, par l'air, par la chaleur et par la terre (sous la forme du sel), et, partout ailleurs, par l'air et par la chaleur. Sans l'air et sans la chaleur, l'eau serait absolument impropre à l'action vivifiante qu'elle exerce, et deviendrait une masse solide si glacée qu'elle ne pourrait nous communiquer que la mort. L'air est également saturé d'eau, de lumière et de chaleur, et a en suspension une certaine quantité de terre. Que serait l'air privé d'eau? nous n'en savons rien; mais il serait tout à fait impropre à la vie. Que serait-il sans la chaleur, que le soleil lui envoie? Nous n'en savons rien, mais il est probable qu'il tomberait sur la surface du globe sous la forme de blocs de glace. Tous ces éléments si divers entretiennent néanmoins entre eux de constantes et intimes relations, et travaillent ensemble sans relâche à des fins communes.

Ici encore se montrent les merveilleuses solutions de problèmes intellectuels, de problèmes chimiques, de problèmes mécaniques, solutions qui nous révèlent dans les éléments des capacités telles que nous ne les aurions pas imaginées. Mais voit-on là des relations morales? Chaque pelletée de terre, chaque verre d'eau, chaque souffle d'air combine en soi-même à la fois l'action des trois grands éléments constitutifs et l'action d'un autre monde. Mais l'air éprouve-t-il jamais quelque reconnaissance envers l'eau pour les services qu'elle lui rend, ou, d'un autre côté, refuse-t-il de l'élever et de la transporter, toutes les fois que la loi du mouvement exige que l'eau s'élève ou soit transportée par l'air? Et l'air, avec toutes ses variations dans ses rapports avec les plantes et les animaux, mérite-t-il jamais d'être accusé de manquer à une obligation? L'eau, de son côté, a-t-elle quelque obligation aux rayons solaires qui la réchauffent ou qui l'élèvent dans les airs? Se plaint-elle de l'air lorsqu'il la laisse choir du firmament dans l'abîme, et se congeler au point de devenir comme une pierre? Il n'y a pas trace de tout cela ni de rien de semblable. Parmi les agents dépourvus de volonté, nous nous attendons seulement à trouver des rapports sans variabilité, sans obligation, sans possibilité de louange ou de blâme.

VII.

Cet état de choses est-il modifié lorsque nous quittons les agents inorganiques pour entrer dans le monde organisé? Dans cette nouvelle région, nous voici encore en face de solutions de problèmes intellectuels, qui, dans les formes sous lesquelles ils se montrent, sont des plus intéressants ; mais si nous essayons de remonter de la solution connue aux problèmes tels qu'ils se seraient présentés à nous, si nous avions eu à les résoudre, alors en vérité, nous sommes surpris de leur complexité et de leur nombre. Que de problèmes tout résolus nous offre une simple graine qui, dans les cavités inaccessibles de son organisation délicate, cache à nos recherches l'histoire de tant de questions posées et résolues en vue de l'adapter à sa future destination! Il a fallu, pour l'amener à être ce qu'elle est, que toutes sortes d'adaptations se fissent entre elle et la terre, et l'air, et l'eau, et aussi ces mondes éloignés d'où viennent la lumière et la chaleur. Elle doit vivre avec la terre et par la terre. Elle contient tout préparé et tout adapté un appareil pour décomposer la terre et pour s'assimiler ses éléments. Elle doit être dépendante de l'eau. Elle contient tout préparé et tout adapté un appareil pour décomposer l'eau et pour nourrir sa propre substance de ce liquide. A côté de cet appareil, elle en possède un autre tout préparé et tout adapté pour pomper le nouveau liquide élaboré par l'autre appareil et pour le répandre dans toutes les parties de la plante. La graine doit être également dépendante de l'air. Elle contient tout préparé et tout adapté un appareil pour décomposer l'air et pour incorporer ses éléments sous diverses formes dans ses propres tissus.

Mais les rapports de dépendance de la plante, si nombreux déjà, ne s'arrêtent pas aux limites de notre monde; ils s'étendent à un autre. Le fondateur de la philosophie positiviste ne nous cache pas qu'il a découvert un moyen de perfectionner le système solaire, et même le système de l'univers tout entier. Au lieu de ces pâles fantaisies de son imagination, il eût mieux fait, et cela eût mieux servi sa cause, de nous prouver qu'il pouvait perfectionner la constitution d'une seule petite graine. Cela nous aiderait quelque peu à concevoir l'existence des choses sans un esprit existant avant elles, sans un plan qui les coordonne, sans un dessein qu'elles doivent accomplir. C'est là un ordre de choses que jamais une intelligence saine n'a imaginé; l'expérience de l'homme n'en a même jamais rencontré de tel, et pour y croire, il faut un acte de foi, comme pour croire que Comte eût pu améliorer le système solaire. S'il se fût montré capable de perfectionner une graine de lin, nous serions un peu mieux préparés que nous ne le sommes, à nous laisser dire que tout ce que nous savons sur une semence se borne à ce que perçoivent nos sens. Des divers appareils que nous avons mentionnés plus haut, aucun n'est perçu par mes sens; et nul pourtant n'oserait me contredire quand j'affirme qu'un gland possède la propriété de changer en chêne de la terre, de l'air, de l'eau et des rayons de soleil, pas plus que quand j'affirme qu'il a la forme d'un œuf dans son coquetier, qu'il est vert, qu'il pèse en moyenne tant de centigrammes, et qu'il contient dans de certaines proportions telles et telles matières. Sans doute ces dernières notions ont leur valeur; mais leur connaissance ressemble plus à celle du portefaix qui juge du poids et des dimensions des produits qu'il transporte, qu'à celle du chimiste qui en connaît les diverses propriétés. Nous connaissons au gland des propriétés que nous ne voyons pas, que nous ne comprenons pas, dont l'origine recule devant nos recherches dans le passé et dont les applications et le but s'étendent indéfiniment dans l'avenir. Nous connaissons ces propriétés aussi sûrement, aussi indubitablement que les qualités plus apparentes de forme, de couleur, de poids, de composition chimique. Bien plus, des millions d'hommes, qui ne sauraient peut-être pas distinguer un gland d'une châtaigne, savent parfaitement et sans erreur possible qu'un chêne sortira d'un gland, mais non pas d'une châtaigne. En réalité, ce que nous savons le mieux du gland, c'est son invisible puissance de donner naissance à un chêne.

VIII

Mais de cette question de connaissance, revenons à notre graine : elle dépend, avons-nous dit, d'un autre monde. Si elle possédait cette sorte de qualité mentale que certains philosophes prennent pour de la raison, elle pourrait se persuader que ni son existence future, ni la croissance de ses tissus, ni le développement de ses organes, ni le libre jeu de ses fonctions, ne peut dépendre d'un autre monde qui lui est absolument inaccessible. Cette dépendance n'en est pas moins un fait, et ce fait prime tous les raisonnements. En effet, si cet autre monde est inaccessible à la graine, il n'en résulte pas que la graine soit inaccessible à cet autre monde. Ces autres mondes ont de longs bras. A travers les espaces immenses, que tous les arbres gigantesques des forêts préhistoriques mis bout à bout ne suffiraient pas plus à franchir qu'un bateau d'enfant ne suffirait à traverser l'Atlantique, — l'influence d'un autre monde arrive jusqu'à la semence, la pénètre de ses émanations, répand dans chacune de ses cellules une force d'en haut qui, par des moyens à nous inconnus, met en activité ses énergies latentes, et la rend capable de produire des fruits excellents.

Mais lequel de nos sens découvrira dans les cellules d'une graine l'appareil qui décompose l'air, celui qui décompose l'eau, celui qui décompose les rayons solaires, celui qui emploie à un certain usage les rayons chauds, à un second les rayons colorés, celui qui produit le protoplasme, celui qui convertit en fibres un aliment, un autre en couleur, un autre en odeur, un autre en cette force qui puise dans la terre les sucs nourriciers? Lequel de nos sens nous révélera dans la graine de l'érable l'appareil spécial destiné à produire, de génération en génération, les jolies mouchetures de l'arbre? Dira-t-on que nous ignorons l'existence de ces appareils? Mais c'est au contraire ce que nous savons le mieux! Peut-être le mot d'appareil est-il mal choisi; mais une force invisible est là, et nous le savons bien. Ces diverses propriétés sont, les unes à l'égard des autres, dans des rapports établis d'avance, et à leur tour elles fixent d'avance les rapports de choses qui n'existent pas encore. Mais ces rapports ont beau remplir d'admiration les hommes qui aiment à laisser errer leur esprit, sans entraves, à la recherche des causes ou du plan des choses, ils ont beau les étonner par l'habileté ou la force qu'ils dénotent, par leur plan et leur but spécial; il n'en reste pas moins vrai que, pas plus que dans les rapports entre les corps inorganiques, nous ne rencontrons là des liens moraux, des vertus ou des vices.

IX

Nous avons supposé une graine douée de cette qualité de l'esprit qu'on nomme raison. Allons plus loin encore, et supposons une graine qui prétende être indépendante de toute pensée, de toute volonté, de tout dessein, et ne relever que de ce qu'on appelle une loi. Cette prétention pourrait lui faire dire : « Que vient-on me parler d'un rapport entre le soleil et moi ! son rôle est de retenir dans leurs orbites toutes les planètes, de donner leur éclat à Vénus et à Jupiter, de distribuer, depuis Mars jusqu'à Uranus, à chaque planète sa part de lumière et de chaleur. Il a pour mission d'illuminer la terre entière et d'éclairer les palais des rois. Mais n'est-ce pas une folie de croire qu'il ait le loisir de descendre dans l'humble réduit où je repose et de me visiter ? Il se peut qu'à l'origine de la vie des plantes, — si jamais elles ont eu une origine, — il ait donné une impulsion quelconque à la première semence; mais depuis lors, il a dû abandonner la graine aux lois qui la gouvernent. Qu'il jouisse donc de sa grandeur dans d'autres domaines; ce n'est pas à moi et à mes pareilles d'attendre quelque intervention de sa part dans les nombreux dangers dont nous menacent la terre, l'air et l'eau. Entre lui et moi, encore une fois, il ne saurait y avoir de rapports vitaux. ».

La graine pourrait raisonner ainsi longtemps; elle n'empêcherait pas ce fait qu'entre elle et le soleil il existe des relations vitales. Ce fait persiste, qu'en dépit de toutes les improbabilités aprioristiques, le soleil intervient pour empêcher la graine de périr. Il est non moins certain que toute une partie de l'organisme de la graine n'a d'autre but que de la rendre apte à subir l'action du soleil et à la faire vivre et croître par lui. Et lorsque la semence, conformément à la loi qui la régit, lève vers la lumière céleste sa tige naissante, l'intelligence humaine, plutôt que de nier, devant un tel spectacle, la grande loi naturelle : *demander et recevoir*, préférerait supposer qu'il y a chez la plante une vague conscience de l'existence d'une telle loi.

Toutefois, même si nous pouvions imaginer une telle conscience dans les rapports incontestables de la plante avec le soleil, nous chercherions vainement entre eux la moindre trace d'un lien moral ou de droits et de devoirs réciproques. L'idée de la possibilité de mérites ou de démérites rattachés à ces relations n'est pas seulement en dehors du domaine de la science; elle est même en dehors de celui de l'imagination. Entre eux les rapports se développent et les effets se produisent dans le cercle de fer de la loi physique.

Ce même état de choses se montre à nous dans les rapports de la graine avec l'espèce à laquelle elle appartient, ou avec d'autres espèces, ou avec les animaux. Rien dans ces relations n'implique l'idée de confiance ou de responsabilité, de bonne ou de mauvaise intention, de justice ou d'injustice, l'idée de détruire ou de fonder le bonheur d'autrui, l'idée d'accomplir consciencieusement ou de négliger systématiquement des obligations réciproques.

X

Soit que nous considérions les corps célestes, desquels nous n'avons qu'une connaissance générale et peu détaillée, soit que nous étudiions le monde microscopique des germes, des insectes ou des tissus animaux, dans lequel nous pénétrons plus avant au milieu de complications sans cesse renaissantes, dans l'infinie grandeur comme dans l'infinie petitesse, nous reconnaissons une parfaite proportion. Elle existe dans les relations de ces corps avec l'espace ; dans les relations des masses avec les masses ; dans les relations réciproques des divers membres d'un corps organisé ; dans les mouvements mécaniques, s'ils sont inanimés ; dans les organes du mouvement, s'ils sont vivants ; dans la vitesse des rayons du soleil, ces messagers rapides de la bonté de Dieu ; dans les effluves de l'électricité et du magnétisme, et dans les vibrations quasi vivantes de la voix. Pesé, mesuré, compté : ces mots semblent écrits sur toutes les choses qui tombent sous notre étude dans le domaine physique.

Cette proportion est une des choses que, dans l'imperfection de notre langage, nous appelons relation ou rapport. Ainsi, si parmi les corps célestes nous trouvons une ligne cent fois plus longue qu'une autre, cette proportion de un à cent est pour nous un rapport. Si nous trouvons une surface cinquante fois plus grande qu'une autre, nous appelons cette proportion de un à cinquante un rapport. Si nous rencontrons trois corps, l'un rond, l'autre presque rond et le troisième ovale, cette variation proportionnelle de forme établit dans notre esprit un rapport. De même, si nous remarquons que la vitesse d'un objet augmente proportionnellement à mesure qu'il se rapproche d'un autre, tandis qu'elle diminue proportionnellement lorsqu'il s'en éloigne, nous parlons aussitôt du rapport de la distance à la vitesse.

Mais est-ce que les deux lignes proportionnelles, les deux surfaces ou les deux corps se doutent seulement de ce rapport? Le fait est qu'entre des lignes, des surfaces et des chiffres, les rapports n'impliquent en rien action ou réaction de l'une sur l'autre. Ce rapport n'est noté que par l'esprit humain, qui compare et déclare ceci plus grand ou plus petit que cela, qui mesure et affirme que ceci est plus grand ou plus petit que cela dans telle proportion. Et c'est cette proportion que nous appelons un rapport. Ce rapport, comme celui de similitude, est réel; mais il n'implique aucune action réciproque et n'est senti que par l'esprit humain, qui se montre ici à nous comme merveilleusement adapté à cet univers qu'il a à contempler.

Dans le cas de deux corps, la relation est différente : ils agissent l'un sur l'autre. Mais qu'il soit question de la longueur relative de deux lignes, de la dimension relative de deux surfaces, ou des distances et des vitesses relatives de deux corps, aucune de ces relations n'implique une pensée, un sentiment ou un devoir, pas même la conscience de quelque caractère commun ou d'un lien quelconque. Et c'est là ce que nous appelons du même nom que le lien vivant qui unit le père à l'enfant [1].

Mais s'il n'entre dans ces rapports aucun élément de vie morale, il s'y trouve du moins l'élément intellectuel qu'implique la solution de grands problèmes. Les lignes, les surfaces et les chiffres ne savent rien des proportions, pas plus que les poids, les mesures ou les vitesses. Il n'y a pas de corps célestes qui énumère les jours ou les années, ou qui calcule à l'avance les conjonctions ou les oppositions d'astres. Aucun d'eux ne fit jamais une comparaison, n'arriva à un jugement, ne distingua ce qui est égal de ce qui est inégal, ne dit jamais : trop, ou trop peu, ou assez, ne donna cet ordre : plus vite ! plus lentement ! à toute vitesse ! L'esprit, lui, est capable d'apprécier les proportions, d'estimer les rapports, de les énoncer, et de s'en servir pour guider ses propres actions. Mais un rapport qui, pour être connu et senti, doit dépendre de quel-

---

1. En anglais, le mot *relation*, rapport, indique plus spécialement qu'en français l'idée de parenté.

que chose d'extérieur à ses deux éléments est, par sa nature, totalement différent du lien qui unit deux agents moraux, quoique nous puissions l'appeler du même nom.

Il y a un rapport entre les pieds de devant d'un fauteuil et ses pieds de derrière, mais ni les uns ni les autres ne les sentent; l'esprit humain seul s'en rend compte. Ce qui en a été l'origine, c'est que l'homme a vu dans ce rapport une commodité pour son propre corps. Le désir d'être confortablement assis a donné naissance à l'idée d'un fauteuil; de ce projet on passa à la construction même de cet objet. Les pieds, les bras, le siège furent faits séparément, puis ils furent réunis, de façon à occuper chacun sa place respective. Ici encore j'affirme que l'origine de cette relation appartient aussi certainement à l'ordre mental que sa réalisation est de l'ordre physique. Mais à supposer que ce rapport fût dû au hasard, ou même n'eût aucune origine du tout, il n'en resterait pas moins vrai que les diverses parties entre lesquelles nous voyons un rapport n'en ont pas conscience. Le fait que nous leur donnons des noms qui impliquent la sensibilité, tels que ceux de pieds et de bras, n'y change absolument rien. Tout change dès que nous passons de ce fauteuil et des relations qui existent entre ses parties à cette mère qui s'y est assise avec son enfant dans ses bras. Dans ce domaine de la vie intelligente et libre, il n'est plus question de relations inconscientes, et ce n'est pas en dehors des êtres ainsi associés qu'il nous faut chercher la connaissance du lien qui les unit.

XI

Dès que nous pénétrons dans le règne animal, nous voyons immédiatement changer la nature des relations. Les oisillons dans leur nid demandant à grands cris leur nourriture, et leur mère qui accourt pour la leur donner, ne sont pas seulement unis par le fait de l'esprit humain découvrant entre eux d'inconscientes adaptations ou des fonctions communes. La mère et ses petits ont certainement conscience d'une relation qui existe entre eux. Et cette relation leur apporte le bonheur et implique l'affection mutuelle. A mesure que nous remontons la longue série de la vie animale, nous trouvons partout des relations conscientes et sensibles. L'animal se rend parfaitement compte des rapports qui existent entre les divers membres de son corps. Les relations de parenté ne lui sont pas étrangères : les petits attendent les soins de leurs parents, et les parents prennent soin de leurs petits. Il existe entre les créatures d'une même espèce une sorte de vie sociale. Il y a même des animaux qui entretiennent volontiers des relations avec des animaux d'autre espèce que la leur.

Beaucoup d'animaux ont conscience de la supériorité de l'homme, et ce sont les plus nobles d'entre eux qui sont les plus aptes à éprouver des sentiments en rapport avec une telle relation. Ils sont capables de lui offrir leur crainte, leur confiance, leur attachement, leur gratitude, leur obéissance, en même temps que leurs plus fidèles services. Quelques-uns sont capables d'imiter son langage, dans des limites assez étroites, il est vrai. D'autres sont susceptibles de recevoir de lui des leçons qui modifieront leurs habitudes. Si la grande loi : demander et recevoir, n'exprime la vie de la plante que sous une forme poétique, elle exprime pour les animaux la plus constante des réalités. Dans le nid de l'oiseau, dans la tanière des bêtes sauvages, dans les troupeaux qui ignorent l'homme comme dans ceux qu'il rassemble dans ses bergeries, parmi les chevaux qui vivent en liberté, comme parmi ceux qui sortent de nos haras, parmi les animaux sauvages comme parmi les animaux domestiques, la méthode universelle de la nature et la loi des relations des animaux entre eux ou des animaux dans leurs rapports avec l'homme est la même : demander pour recevoir.

Ce trait des relations des animaux, même s'il était le seul, les distinguerait nettement des rapports qui existent en dehors de la vie, et marquerait l'avènement d'une sphère plus haute de gouvernement, dans laquelle commence à se montrer le règne de la loi proprement dite, au milieu et au-dessus du règne de la simple règle. En pénétrant dans ce domaine de la conscience, de la sensation, des préférences et des antipathies, dans ce domaine où l'on demande et où l'on reçoit, où l'on cherche et où l'on trouve, nous avons laissé bien loin derrière nous la région que nous annonçaient certaines prédictions. Nous sommes ici dans un domaine où la chaîne des certitudes existe sans solution de continuité, entrelacée dans la trame des contingences qui souvent la cachent à nos yeux, mais ne la font jamais disparaître. La marche d'un phénomène de la vie animale n'est jamais absolument certaine, même lorsque la volonté de l'animal n'intervient pas. Nous pouvons toujours dire dans quel ordre les couleurs viendront se placer dans le spectre solaire, et nous pouvons généralement conjecturer de même pour les couleurs de la robe de certaines espèces d'oiseaux et d'animaux; mais nous ne pouvons pas dire dans quel ordre les couleurs seront disposées sur le pelage des veaux qui naîtront le printemps prochain, ni quelle sera la teinte des cheveux des enfants qui se succéderont dans une même famille. Nous pouvons dire dans quelle direction telle comète se mouvra à sa prochaine apparition; mais nous ne pouvons pas dire dans quelle direction l'hirondelle qui va s'envoler prendra son vol. Nous pouvons prédire le jour de la prochaine grande marée, mais non le jour où les abeilles essaimeront.

La science peut-elle promettre de nous prédire plus tard le jour où les abeilles essaimeront, ou l'ordre exact dans lequel se succéderont des enfants de complexion claire et de complexion foncée? Il y a, je le sais, des savants qui déclarent qu'un jour la science fera cela. Il n'y a en effet aucune partie de la science que certains savants soient plus disposés à enseigner que celles qui sont encore inconnues. Mais la science n'a-t-elle pas pour premier devoir de nous apprendre qu'il y a des choses dont l'avenir nous échappe? N'y a-t-il pas des êtres dont les relations avec nous ne peuvent pas être calculées, comme les mouvements d'instruments exacts, mais dans lesquels nous devons voir des collaborateurs utiles, dont nous pouvons sans doute prévoir l'action avec une certaine mesure de probabilité, mais qui nous laissent pourtant toujours dans l'obligation de comparer les possibilités diverses, de juger de ce qui est probable et de nous déterminer en conséquence? La science ne nous enseignera-t-elle pas dans l'avenir, ce que l'expérience avait appris à nos devanciers, que si le chemin que suit l'humanité est ferme sous ses pieds et avance dans une direction déterminée, il n'est pas toujours possible de dire, à un moment donné, ce que l'on va rencontrer au tournant de la route?

XII

Restons, pour le présent, dans le règne animal. Nous y découvrons, à côté de la règle physique inflexible, l'action de groupes de lois, où les effets sont calculables dans de certaines limites, mais variables en dehors de ces limites. Dans d'autres groupes, les effets dépendent de l'action volontaire de l'animal. Par exemple, quand le corps d'un éléphant se meut, il le fait conformément aux lois fixes de la mécanique. Lorsqu'il grandit, le tronc croît en proportion du reste du corps; mais cette proportion n'est pas exactement identique chez tous les individus. Dans le premier cas, nous avons des lois de phénomènes invariables, et, dans le second, des lois de phénomènes qui commencent à varier sous l'influence de la force vitale. Mais il reste un troisième groupe. Quand l'éléphant se mettra-t-il en mouvement? Dans quelle direction? Avec quelle rapidité avancera-t-il? Combien de temps continuera-t-il à se mouvoir? La réponse dépendra, en partie, du caractère individuel de l'éléphant, en partie de son maître, en partie peut-être d'un insecte, en partie du temps, en partie de l'état du chemin en pente ou de niveau, solide ou inégal. Ces diverses contingences représentent deux sources distinctes de variations possibles : d'une part, l'action volontaire de l'éléphant, celle de son maître et celle d'autres animaux; d'autre part, la combinaison de pures lois physiques de mouvement avec d'autres lois physiques de résistance. De tous ces éléments de variabilité, il résulte que la réponse aux questions posées est encore plus un calcul d'ordre moral que d'ordre physique. Il est évident que le caractère individuel de l'animal pèse du plus grand poids dans la solution du problème. Une voix qui mettra en mouvement les jambes de tel éléphant n'aura aucun effet sur tel autre. Un signal, qui fera tourner l'un à gauche, laissera l'autre tourner à droite. Un regard et un mot, qui obligeront celui-ci à s'agenouiller, laisseront celui-là debout.

Dans les relations des animaux, l'action d'une loi physique inviolable est limitée et sert seulement de point d'appui à un régime supérieur, dans lequel il y a place pour l'action de la volonté et pour une certaine variété dans les actes. Des lois sociales, inexplicables au point de vue physique, se montrent à tous les échelons de la vie animale. Dans les relations sociales qui en découlent apparaît, dans toutes les variétés d'animaux, une sorte de pénombre de loi morale; il y a là comme les pierres d'attente de ces relations hautes et sacrées, qui apparaissent au degré supérieur de l'échelle des êtres. Ces pierres d'attente, un vieux livre les avait signalées aux hommes, avant que des philosophes leur eussent enseigné que les âmes de leurs pères passaient dans ces animaux, et bien longtemps avant que Descartes eût songé à ne voir dans les animaux que de pures machines, en attendant que d'autres philosophes, de nos jours, réduisissent l'homme lui-même à l'état de machine. D'après la Bible, Dieu traita alliance avec les animaux, aussi bien qu'avec l'homme, pour leur préservation. Job avait remarqué, dans le mécanisme de l'oiseau, une sagesse que l'homme ne saurait égaler. David adorait la Providence vigilante qui mesure et satisfait les besoins de l'animal, sauvage ou domestique. Salomon envoyait les hommes recevoir d'utiles leçons à l'école des fourmis, et un plus grand que Salomon nous a envoyés aux plus vulgaires des oiseaux pour recevoir d'eux un enseignement plus précieux que l'or.

Les faits ne manquent pas pour prouver que les habitudes des animaux contiennent des traces d'un gouvernement moral. Il suffit de mentionner les rapports entre le mâle et la femelle, et ceux qui existent entre eux et leurs petits, pour voir se dessiner comme une vague image de la vie de famille. Les habitudes de défense personnelle parmi les animaux indiquent chez eux une certaine conscience de leur identité et de leurs droits personnels. La défense de leurs nids, tanières, terriers ou autres abris, indique quelque espèce de sentiment de la propriété. Leur habitude de s'associer en compagnies, qui constituent parfois de vraies organisations sociales, avec les traits fondamentaux de la constitution d'un État, nous rapprochent considérablement de la notion d'un gouvernement fondé sur des lois régulières. Les relations que certaines espèces entretiennent avec des races autres que la leur, partageant leurs vicissitudes et leurs joies, nous indiquent un système dans lequel des natures diverses sont nées pour se mêler, tout en retenant leurs caractères distinctifs.

La dépendance des animaux relativement à un être supérieur, qui, dès qu'il entre en contact avec eux, modifie profondément leur condition, — je veux dire l'homme, — nous permet d'affirmer ce fait qu'un être dont la destinée ne serait pas affectée par un être plus grand que lui est chose inconnue dans la nature, — au moins jusqu'à ce que nous arrivions à l'homme.

De plus, cette capacité qu'ont les animaux de connaître un être qui leur est supérieur, de se confier en lui, de l'aimer et de lui obéir; de s'attacher à un être qui n'a ni leur forme, ni leur voix, ni leurs mœurs; de travailler pour un être qui fait des choses dont ils ne peuvent pas se rendre compte et qui les emploie souvent à des messages ou à des travaux incompréhensibles pour eux; leur capacité d'apprendre de cet être supérieur des leçons que les individus de leur espèce ne peuvent leur enseigner, et de contracter des habitudes qui étaient inconnues de leurs ascendants; leur capacité de se conformer à la volonté et aux desseins d'un être qui, sans leur rendre compte de ses actes, peut à son gré leur faire du bien ou les tourmenter, les récompenser ou les punir et qui peut même, si cela lui plaît, les détruire, tout cela affirme le fait que ce monde tout au moins et ses habitants ne sont pas sans avoir à leur tête un chef. Mais ce fait, à son tour, suggère cette question : Est-ce que cette institution ne s'étend pas au delà des limites de notre petite terre? Est-ce que l'Univers n'a pas un chef commun? Est-ce que la série ascendante des êtres intelligents a posé sa plus haute couronne sur le front de l'homme?

XIII

Nous convenons que, pour l'œil humain, les êtres possédant forme et couleur n'ont pas de représentant plus élevé que l'homme, et que l'œil ne peut voir que ce qui est doué de forme et de couleur. Mais serait-il sage de conclure de là que tout agent physique a nécessairement ces deux caractères? La gravitation est un agent plus puissant que la terre ou la pierre, et elle est invisible. La chaleur est un agent plus fort que le bois ou le fer, et cependant elle est généralement invisible. Il est vrai que la chaleur, dans certaines conditions, peut devenir visible. Ordinairement, elle est invisible, mais elle est perçue par un autre de nos sens, le toucher. A l'état de chaleur latente, elle échappe également au toucher et à la vue. Sa proche parente, l'électricité, a le même caractère double ; habituellement imperceptible aux sens, mais, dans certaines conditions, se manifestant par son éblouissante lumière et ses détonations éclatantes. Le magnétisme, apparenté de si près à l'électricité, tout en agissant puissamment sur les relations des êtres qui vivent sur notre globe, est un agent dont ni Christophe Colomb ni le capitaine Cook n'ont jamais vu la couleur ou la forme. Toutefois nul ne songe à reléguer le magnétisme dans les limbes des fictions théologiques, sous prétexte qu'il est une force invisible dont les propriétés ne sont pas révélées par des apparences, mais par les résultats de son action. On ne songe pas davantage à traiter de chimère la gravitation, plus occulte encore, et qui le serait absolument si son invisible force ne se montrait dans ses effets visibles.

Et même pour ce qui concerne les corps solides, serait-ce raisonner sainement de conclure qu'aucun d'eux n'est réel s'il n'est perçu par le toucher, le goût, l'odorat ou l'ouïe ? On pourrait dire avec quelque apparence de raison qu'il est impossible d'être convaincu qu'un corps est solide, si l'on ne peut prouver, par l'expérience, qu'il est dur ou mou, sapide ou insipide, odorant, inodore ou fétide, sonore ou silencieux. On pourrait ajouter, au sujet des corps que nous appelons célestes, que le témoignage des sens semblerait plutôt les ranger parmi les esprits que parmi les corps. Impossible de les toucher, de les goûter, de les sentir ou de les entendre. Il est vrai que nous les voyons ; mais ce que nous voyons, par exemple, du soleil et de la lune, mérite à peine de s'appeler voir, et, s'il s'agissait d'autres objets, nous dirions que ce n'est là voir les objets que comme une ombre. Nous ne pouvons connaître, dirait-on encore, l'existence réelle de corps au delà du point où ils cessent d'être tangibles, et où le témoignage d'un seul sens ne peut plus être contrôlé par les autres. Ce que nous voyons réellement ne serait donc qu'une certaine émanation brillante et variable, appelée lumière, qui nous arrive des régions de l'infini, et qui semble se concilier mieux avec la notion d'esprit qu'avec celle de corps solide.

Si plausible que puissent paraître de telles objections à des hommes dont les connaissances et la raison sont peu développées, elles ne feront aucune impression sur les esprits scientifiques. Ceux-ci savent en effet que, par delà la portée directe de tous nos sens, ou, pour mieux dire, par delà la portée directe ou indirecte de quatre sens sur cinq, et sur le témoignage unique du cinquième (un témoignage si indirect qu'il a échappé à l'observation de la plupart des races et des générations humaines), il existe des masses énormes, tant par le poids que par le volume, si énormes que notre globe s'ajoutant à l'une d'elles ne serait que comme une tuile jetée sur le toit d'un grand édifice. Si donc il existe des corps solides au delà des limites que le témoignage de nos sens semble assigner à l'existence de tels corps; si nos rapports de solidité et de force s'étendent par delà les bornes de la terre et traversent les gouffres béants de cet océan inhabité et innavigable que nous nommons l'éther, où sont inconnues les notions qu'expriment ces mots : dur et mou, doux et amer, sonore et silencieux, vivant et privé de vie; si nos rapports avec les corps, rapports d'où dépend, non seulement notre bien-être physique, mais notre existence elle-même, — ont leur centre au delà de ces gouffres infranchissables pour nous et pour tous les hommes, — sera-t-il sage, sera-t-il scientifique, à un titre quelconque, de conclure que tous les rapports entre les intelligences finissent pour jamais à l'endroit précis où l'homme prend congé définitivement de ses semblables ?

Puis donc que c'est des rapports de notre monde avec d'autres mondes que dépendent pour nous la lumière et l'obscurité, la chaleur et le froid, de bonnes récoltes et de mauvaises, est-il raisonnable, est-il pratique, est-il conforme aux règles d'une sage hypothèse de conclure qu'il n'y a ni satisfactions intimes pour l'esprit, ni apaisement pour les besoins les plus vastes de l'intelligence, pour les aspirations morales, pour la soif d'espérer et de croire, à attendre de rapports existant entre nous et des sources d'influences plus hautes que la croûte de notre globe ? Quand l'humanité se demande avec anxiété si son pain quotidien ne lui fera pas défaut, nous voyons le plus terre à terre des penseurs, celui dont les regards sont toujours tournés en bas, celui qui prétend que toutes les séries d'événements vont de bas en haut et jamais de haut en bas, et qui veut bien de la moisson s'élever jusqu'à la charrue, mais jamais plus haut, — nous voyons ce penseur, malgré son parti pris de ne regarder qu'en bas, contraint à regarder en haut, par la crainte de manquer de pain, et disposé à admettre certains faits, qui, cette fois, vont bien de haut en bas, et forcé de reconnaître que, si la disette ou l'abondance règnent ici-bas, cela dépend de ce qui se passe là-haut. Cet homme qui voudrait, s'il le pouvait, enchaîner et confiner toute pensée humaine dans la sphère humaine, est contraint, par une question d'alimentation, de confesser que les forces qui fournissent le pain quotidien à la faim des hommes, se meuvent dans une sphère plus haute, et que, dans leur éloignement inaccessible, elles agissent dans un accord manifeste avec la faim, quotidiennement renouvelée, de la grande famille humaine. Après cela, est-il sensé pour ce penseur de conclure que les plus nobles besoins de l'homme, besoins dont le seul cri affirme sa parenté avec des êtres qui lui sont supérieurs, ne peuvent s'alimenter à des sources plus hautes que la terre et que les nuées qui l'enveloppent?

Il est manifeste que les rapports terrestres, physiques ou moraux, vont en s'élevant jusqu'à ce qu'ils atteignent leur point culminant en l'homme. Ce point atteint, les rapports physiques de l'homme s'arrêtent-ils, soit aux limites de sa propre personne, soit à celles du globe qu'il habite? Tout au contraire, arrivés à ce point critique, ils continuent leur mouvement ascendant et en franchissent les bornes. Ils vont là où il ne peut les suivre. Ils franchissent les espaces, le temps, les ténèbres, les distances incommensurables, s'élançant dans les cieux et dans les cieux des cieux.

Ceci nous amène à demander : Qui donc nous fera croire que les rapports spirituels de l'homme, ses rapports de pensée, de sentiment et d'action morale, ses rapports avec les êtres intelligents s'arrêtent court à la ligne qui sépare la terre du ciel et restent en arrière des relations de son corps? Qui nous fera croire que, tandis que son œil et, pour tout dire, chaque pore de son corps, entretient constamment des rapports bienfaisants avec le roi du firmament, les facultés de son âme, qui aspirent à s'élever vers les cieux, soient bannies de ce domaine, et, semblables à l'aigle dont on a coupé les ailes, doivent retomber sur le sol jusqu'à ce que sur elle aussi soit prononcée la parole fatale : « la poudre à la poudre ! »

Faisons un pas de plus, et demandons-nous si, de même que tous les rapports terrestres s'élèvent graduellement vers un point culminant en l'homme, il n'est pas absolument probable que les rapports de l'univers entier s'élèvent aussi vers un chef suprême à qui tout aboutit. Et de même que nous ne connaissons dans la nature au-dessous de l'homme aucun être dont la destinée ne soit affectée par un être supérieur, est-il probable que l'homme seul nous présente cette anomalie d'un être que n'affecte aucun être supérieur? Toute la nature ne semble-t-elle pas plutôt nous dire que l'homme est une créature chez laquelle les rapports de l'âme doivent s'élancer en avant dans la même direction que suit sa vue, ce sens cosmique par excellence; en avant, par delà les limites de la terre; en haut, vers des mondes plus brillants, vers des lumières sans nombre; par une route où chaque pas est à la fois un but atteint et un point de départ nouveau; vers une communion consciente avec le souverain Maître, avec le Père éternel, dont la demeure est assez spacieuse pour abriter une âme dont les pensées vont plus vite que la lumière et volent vers les globes les plus distants, et avec elle d'autres âmes-sœurs, en aussi grand nombre que les étoiles du ciel ou que les grains innombrables du sable de la mer.

QUATRIÈME PARTIE

LA NATURE DES DEUX ORDRES DE LOIS ET COMMENT ELLES RÉGISSENT LES AGENTS QUI LEUR SONT RESPECTIVEMENT SOUMIS

Il est tout à fait curieux de noter les diverses formes de langage qu'emploient les juristes d'un côté et les physiciens de l'autre, lorsqu'ils veulent dire ce qui constitue, à leurs yeux, une loi. En pareille matière, les juristes sont chez eux; les physiciens battent la campagne. Les uns et les autres savent sans doute où ils veulent en venir; mais tandis que les juristes savent ce qu'ils disent, les physiciens, comme je l'ai fait entendre en commençant, ne paraissent pas toujours le savoir, quand ils font de la métaphysique, comme ils sont bien forcés d'en faire en parlant de loi.

J'ai tort peut-être d'employer le mot physicien, car le vrai physicien ne se tourmente pas l'esprit avec des définitions. En homme de sens, il prend les termes tels qu'il les trouve et poursuit son utile et noble tâche, laissant l'analyse des mots à des alambics plus subtils que ceux qu'emploient les sciences physiques. Ceux qui font subir des entorses aux mots sont plutôt ces métaphysiciens amateurs, qui appliquent aux agents et aux opérations physiques des termes faits pour exprimer la vie et les forces de l'esprit ; et qui parlent des opérations de l'esprit, comme si elles étaient d'ordre physique et leur imposent des termes qui ne s'appliquent qu'aux choses dépourvues de pensée. Quand, en agissant ainsi, on avoue carrément que l'on vise à bannir du milieu des hommes l'idée d'une intelligence supérieure à la nôtre, cela est de bonne guerre. Auguste Comte, loin d'en rougir, s'en glorifiait, en des termes dont ceux que j'emploie rendent l'esprit, sinon la lettre. Il est vrai que plusieurs de ses disciples anglais n'ont pas la même franchise que lui et ont essayé de jeter un voile sur cet aveu, dont il tirait gloire.

I

Comment définit-on généralement une loi physique ? C'est, dit-on, selon une définition préférée, « un fait généralisé ». Demandez à un juriste ou à un moraliste si cette définition cadre avec ce qu'il est habitué à considérer comme une loi ! Nous savons tous que généraliser un fait est l'une des opérations les plus aisées de notre esprit, tellement aisée que, depuis les temps les plus reculés, les logiciens ont eu à se mettre en garde contre de telles généralisations, en d'autres termes, à éviter de conclure du particulier à l'universel. Qu'il vous arrive, par exemple, de faire arrêter votre cheval à une auberge sur la route, il ne manquera pas de généraliser le fait, et quand vous repasserez par le même chemin, vous aurez à lui apprendre que sa généralisation du fait ne l'a pas érigé en loi. Les généralisations peuvent être justes ou fausses ; c'est seulement quand elles sont justes qu'elles nous fournissent des règles utiles pour grouper les faits, et qu'il nous est permis d'appeler lois de telles règles.

Une définition un peu plus exacte est celle-ci : une loi est *un fait général*. M. Littré, le plus distingué des positivistes (bien qu'il ait tourné en ridicule l'idée, chère à Comte, de faire du positivisme une religion), dit : « Quand nous avons découvert un fait général dans quelqu'une de ces forces ou propriétés (de la matière), nous disons que nous sommes en possession d'une loi [1]. » Ici une loi ne signifie pas seulement un fait qui a été généralisé, soit à bon droit, soit à tort, mais un fait au sujet duquel on s'est assuré qu'il est bien général. Mais pour que ce soit une loi, il faut, d'après Littré, que ce soit un fait se rattachant à quelqu'une « des forces ou des propriétés de la matière ». Quelques lignes plus haut, cet illustre savant affirme que des lois gouvernent les forces, et que lois et conditions sont des termes que l'on peut employer l'un pour l'autre. « Nous définirons, dit-il, le savoir humain, l'étude des forces qui appartiennent à la matière, et des conditions ou lois qui régissent ces forces [2]. » Je ne prétends pas que les lois ne régissent pas les forces ; mais je soutiens que les faits généraux ne les régissent pas. Les faits généraux sont le produit des forces

---

1. Littré, *Auguste Comte et la philosophie positive*, 3º édit., p. 41.
2. *Ibid.*

et dépendent d'eux, bien loin de les régir. Quand donc ces prétendues lois, en faveur desquelles on nous conseille gravement de renoncer à l'étude des causes et des desseins, pour en faire l'objet unique de nos recherches, sous prétexte qu'elles seraient seules accessibles, quand, dis-je, ces prétendues lois sont dénommées arbitrairement conditions, faits généraux et lois, trois termes qui signifient des choses parfaitement distinctes, — je dois avouer que, si d'autres comprennent, moi je ne comprends pas; et, que si une telle manière de parler est familière aux positivistes, elle n'est ni scientifique ni philosophique.

Il ne suffit pas d'un simple fait général pour faire ce que tout le monde appelle une loi physique. C'est un fait général que les gens qui vont de Londres à Edimbourg prennent la direction du nord; mais ce n'est pas là une loi, et un voyageur pourra, s'il le juge bon, prendre la direction de l'ouest et passer par Bristol. Pour qu'un fait soit l'indice d'une loi physique, il ne faut pas seulement qu'il soit général, mais universel et n'admette aucune exception. C'est un fait universel, par exemple, que la boussole indique le nord, et c'est bien là une loi physique, ou une *loi* sans épithète.

On définit très ordinairement aussi une loi physique, « un ordre de faits observés ». Cette formule implique que l'on a en vue, non un fait isolé, mais des faits; et non pas des faits rassemblés pêle-mêle, mais des faits mis en ordre. Mais pour tirer une loi de faits pareils, il faut que leur ordre ait été « observé ». Si une loi est un ordre « observé » de faits, qu'est-ce qu'un ordre observé? Avant les jours de Harvey, la circulation du sang était un ordre de faits, tout autant qu'aujourd'hui ; mais elle n'avait jamais été observée. N'existait-il donc pas alors une loi de la circulation du sang ? Avant Newton, la gravitation était un ordre de faits, tout autant qu'elle l'a été depuis lui. A-t-il donc fait la loi, lorsqu'il a observé cet ordre de faits ?

II

Il est curieux de constater combien souvent, dans les écrits de l'école positiviste, le mot *rapport*, associé avec diverses épithètes, est employé indistinctement pour *loi*. On vous parle des « rapports invariables de succession et de ressemblance », puis de « rapports constants », de « rapports effectifs », de « rapports immuables », et ainsi de suite ; et on fait tinter tous ces termes à vos oreilles comme une musique qui doit vous charmer, au point de vous persuader qu'ils équivalent à des lois. Un expositeur fidèle et autorisé des idées de Comte, le Dr Robinet emploie ce curieux langage : « Les rapports constants et généraux que ces diverses catégories d'événements affectent entre elles, c'est-à-dire les lois qui les régissent [1]. » Ainsi, dans la même phrase, les lois sont décrites comme régissant les événements, et aussi comme ce que les événements affectent entre eux ; et de telles lois sont déclarées « accessibles ». Je ne comprends pas très bien quelle

1. Robinet, *Notice sur l'œuvre et sur la vie d'Auguste Comte*, 1860, p. 18.

idée est ici attachée au mot « affecter ». Sans doute quelque idée fort vague, comme c'est généralement le cas dans cette école, dès qu'elle s'élève un peu au-dessus des mesures et des chiffres. Le Dr Robinet entend sans doute quelque chose d'analogue à la sélection naturelle ou à la sélection sexuelle. Lui et les autres adeptes du positivisme disent couramment d'une loi qu'elle *est* un rapport, ou qu'elle *établit* un rapport, ou qu'elle *exprime* un rapport, ou qu'elle *régit* un rapport, et ils le font apparemment sans supposer qu'il y a encore des gens pour qui ces mots : être, établir, exprimer, régir, n'ont pas une signification tellement nuageuse qu'il soit indifférent de les employer au hasard, l'un pour l'autre [1].

---

1. Le Dr Robinet semble avoir voulu donner une exposition si complète de la doctrine positiviste sur les lois, qu'elle puisse asseoir définitivement les vues des philosophes de tous les temps. Nous empruntons les phrases suivantes à sept pages (p. 22-29) : « Le caractère essentiel le plus général des lois réelles, c'est l'abstraction... Les lois abstraites qui régissent les divers degrés d'existence... Les lois propres ou concrètes (de l'atmosphère) nous restent assez ignorées pour empêcher toute prévision... L'astronomie nous dévoile ses lois réelles... Il n'y a d'accessible et même d'indispensable pour nous que les lois abstraites... Les lois naturelles consistent toujours en une notion inductive... La relation concernant la succession et la similitude que les phénomènes affectent entre eux... Les lois de succession expriment une relation invariable entre des événements de nature distincte... Une véritable loi ne concerne réellement que deux phénomènes en relation réciproque... Les lois de similitude établissent les rapports de similitude qui existent entre les phénomènes observés... Une loi est donc, en définitive, la relation invariable existant entre deux phénomènes de nature distincte, d'après laquelle l'un varie au moyen de l'autre, avec un degré d'intensité dépendant des circonstances au milieu desquelles l'action s'accomplit. Elle représente la constance dans la variété. » Après cette définition finale,

La formule employée par Stuart Mill pour défendre ce qu'il n'appelle pas du nom limité de lois physiques, mais du terme vaste et infini de lois de la nature, est l'une des plus malencontreuses de toutes. Ayant remarqué qu'un certain fait se produit invariablement dans certaines circonstances, et ne se produit pas sans elles, il dit que cela constitue ce qu'il appelle « une uniformité »; et que comme d'autres faits montrent la même constance, cela constitue, non plus une uniformité, mais des uniformités; et il arrive à cette définition : « Ces diverses uniformités, une fois constatées par ce qui nous semble une induction suffisante, nous les nommons, dans le langage commun, les lois de la nature. » Pour lui, les lois de la nature ne sont donc qu'une succession morte, uniforme et surtout mécanique. Pour rendre sa pensée plus claire, il ajoute : « Voici trois uniformités ou, pour les appeler ainsi, trois lois de la nature : la loi de la pesanteur de l'air, la loi d'après laquelle la pression qui s'exerce sur un fluide se propage également dans toutes les directions, et la loi d'après laquelle la pression dans une direction, non opposée par une égale pression dans une autre direction,

vient incidemment la suivante : « Les lois naturelles sont conçues comme de simples faits généraux, qui ne comportent aucune explication, mais qui servent de base à toute explication rationnelle... Toute loi résulte d'une observation extérieure et d'une conception intérieure, d'un élément objectif fourni par le monde, et d'un élément subjectif fourni par le cerveau. » (*OEuvre et vie d'A. Comte*, p. 22-29.) Donc, lorsqu'il n'y avait pas de cerveau sur la terre, il n'y avait pas de loi de la gravitation, et lorsqu'il n'y avait pas d'œil, il n'y avait pas de loi de la lumière déterminant les angles d'incidence et de réflexion !

produit un mouvement qui ne cesse que lorsque l'équilibre est rétabli[1]. »

La définition de M. Mill pèche en ceci, que toutes les « uniformités » dans la nature, même certifiées par une induction suffisante, ne peuvent être dénommées lois de la nature. Il faudrait, en effet, préciser d'abord où la nature finit et où l'art commence ; où la nature et l'art finissent et où commence le domaine de ce qui dépasse la nature.

Les trois lois que M. Mill cite comme exemples sont bien choisies ; ce ne sont pas des faits généraux, mais des faits universels. Elles sont choisies parmi les phénomènes spontanés d'agents physiques inconscients. Il a eu soin de puiser uniquement dans cette province de la nature qui ne peut être mise en mouvement, ni par la volonté, ni même par la croissance. Il est bien universellement vrai que l'air pèse. Il est universellement vrai aussi que la pression des fluides se propage également dans toutes les directions. Il est encore universellement vrai que la pression s'exerçant sur un corps dans une direction unique produit le mouvement. Et de plus, il est universellement vrai (car les trois propositions de M. Mill en font véritablement quatre) que le mouvement une fois produit se continue jusqu'à ce que l'équilibre soit rétabli. L'uniformité est assurée, aussi longtemps que les agents n'ont pas la vie. M. Mill, en choisissant des agents sans vie, pour témoigner en faveur de son idée de la nature et des lois de la nature, trouve très

---

1. *System of Logic*, I, p. 305.

aisément que la pression exercée et le mouvement qui en résulte sont, dans des circonstances identiques, de parfaites « uniformités ». Mais supposez qu'au lieu de la pression de l'air sur un liquide, il s'agisse de l'action d'un canard qui nage dans ce liquide, pourra-t-on encore parler de l'uniformité de pression? Qui pourra dire avec quelle rapidité ou quelle lenteur le mouvement se propagera à travers la mare où le canard prend ses ébats? Ou encore supposez un liquide sur lequel un enfant souffle afin d'y produire des vagues, qui nous dira les uniformités de la pression? Le canard et l'enfant ne font-ils pourtant pas partie de la nature, autant que le mercure, que l'air et qu'un tube de verre? Ne sont-ils pas autant soumis à la loi qu'un baromètre? M. Mill maintient que « l'expression : « les lois de la nature » ne signifie pas autre chose que « les uniformités qui existent parmi les phénomènes naturels ». Mais l'action des lèvres de l'enfant, dont le souffle soulève une petite tempête et produit toute autre chose que l'uniformité, n'est-elle pas conforme à une loi naturelle, tout autant que la pression de la gravitation produisant un résultat uniforme? La prétendue « uniformité » dans les phénomènes naturels des êtres vivants, se manifeste par la tendance de chacun d'eux à se différencier des autres.

La *multiformité* n'est-elle pas une loi de la nature tout autant que l'uniformité? Je ne parle pas des phénomènes de différentes sortes, mais de la répétition du même phénomène. Un caillou est semblable à tous les autres cailloux, mais sont-ils uniformes? Chaque colline est semblable à toutes les autres collines, mais sont-elles uniformes? Chaque étoile est semblable à toutes les autres étoiles, mais sont-elles uniformes? Chaque coucher de soleil est semblable à tous les autres couchers de soleil, mais sont-ils uniformes? Je pourrais en dire autant de chaque orage, de chaque nuit, de chaque coup de tonnerre, de chaque marée, de chaque vague, de chaque mouvement dans un tremblement de terre, de chaque chute d'aérolithes, de chaque apparition d'une aurore boréale, de chaque filon de cuivre, de chaque pépite d'or, de chaque couche de houille, de chaque bloc de marbre, de chaque carrière d'ardoise. Et je prends tous ces exemples dans le domaine des choses privées de vie, où se maintient M. Mill. Cette loi de multiformité n'est pas moins évidente, si vous comparez chaque mousse, chaque gazon, chaque exogène, chaque endogène [1] à tous les autres; ou, pour en venir aux espèces, chaque chêne à tous les autres chênes, chaque feuille de chêne à toutes les autres, et ainsi de suite. Dans le règne animal, la loi de multiformité est évidente dans chaque face, chaque voix, chaque allure, chaque plumage. Les trois « uniformités » citées par M. Mill ne sont empruntées qu'à la sphère des causes mécaniques produisant des effets mécaniques, et laissent de côté des régions vastes et élevées du royaume de la nature.

Mais, pour nous montrer l'action combinée des

---

[1]. Termes de botanique : *exogène*, plante dont l'accroissement se fait à l'extérieur; *endogène*, plante qui s'accroît de dedans en dehors.

trois exemples qu'il a choisis, M. Mill s'adresse au baromètre. Le baromètre lui-même est-il simplement une œuvre mécanique? Oui sans doute, mais cette pièce de mécanique existerait-elle sans un esprit préexistant capable de mettre en mouvement les lois de la mécanique et de combiner les forces qui en relèvent, de façon à faire un instrument qui ne sait rien et qui dit beaucoup, à condition qu'il ait un esprit humain pour auditeur; il ne dit rien en effet à l'esprit du chien, dont l'œil le voit aussi distinctement que l'œil de son maître.

III

Le docteur Robinet semble avoir vu plus clair dans la question que Stuart Mill, dans le passage dont nous venons de parler. Il place l'uniformité, non dans les phénomènes eux-mêmes, mais dans les rapports qui les unissent. Il sait que, quoique le poids de la colonne d'air ne soit pas le même aujourd'hui qu'il sera demain, et que le poids correspondant de la colonne de mercure soit également variable, la relation uniforme d'égalité dans le poids est maintenue entre ces deux quantités variables. Mais, en revanche, M. Mill donne incidemment une meilleure description de ce qu'il faut entendre par une loi physique que ne l'ont fait, à ma connaissance, Auguste Comte ou aucun de ses interprètes français : « Les phénomènes naturels, dit-il, ont leurs règles ou modes d'action séparés [1]. »

---

1. Cette expression, comme celle d' « uniformités », est le résultat naturel de modes de penser auxquels répugne l'admis-

M. G.-H. Lewes a été amené, par la discussion, à reconnaître les inconvénients que présente l'emploi du mot *loi*. On lui a prouvé que, dans le sens généralement admis, un tel mot implique l'idée d'autorité et de gouvernement. Aussi juge-t-il bon de le faire disparaître de la terminologie scientifique et de lui substituer le terme *méthode*.

M. Herbert Spencer emploie, lui aussi, le terme « uniformités ». Il parle de « la constance, des coexistences et des successions », il ajoute que « la familiarité avec les uniformités a donné naissance à la conception abstraite d'uniformité, à l'idée de loi [1] ».

Le professeur Helmholz [2] déclare que « la loi n'est autre chose qu'une conception générale qui embrasse une série d'opérations naturelles, se produisant dans des circonstances semblables ». La loi ne serait donc pas un fait dans la nature externe, ni un ordre, ni une

---

sion d'un contrôle supérieur intelligent. Voici une phrase également caractéristique dans le même chapitre : « Avec tous ces fils séparés qui unissent les parties de ce grand tout que nous appelons nature, un tissu général de connexité *se tisse inévitablement lui-même*, au moyen duquel le tout est tenu ensemble. » (Les italiques sont miennes.) Le tout c'est la nature. Il est tenu ensemble par un tissu de connexité. Ce tissu se tisse lui-même inévitablement. Le fil avec lequel il se tisse, inévitablement est l'ensemble des divers fils des lois, ou « uniformités ». On ne nous dit pas quelle plante ou quel animal produit la matière première de ces fils, c'est-à-dire de ces uniformités. Ces fils-là probablement se filent eux-mêmes, comme le tissu se tisse lui-même ; mais avec quelle matière se filent-ils ? Ce métier de tisserand inconscient, sur lequel l'inévitable tisse des uniformités avec un fil qui nous lie, et avec nous tout ce qui existe, est mis en mouvement par un grand écrivain, sous prétexte de nous enseigner la logique !

1. *First Principles*, p. 142.
2. *Popular Lectures on scientific subjects*, p. 370 et suiv.

uniformité dans les faits, mais une conception générale, un état ou un acte de l'esprit. En donnant ainsi une définition purement subjective, Helmholz se trouve en nombreuse et distinguée compagnie, composée de métaphysiciens et de physiciens. Mais il lui arrive, comme aux autres, de passer de ce domaine mystique dans un autre plus pratique. Lui aussi s'égare dès qu'il aborde les définitions : « Avant de pouvoir dire que notre connaissance d'une loi quelconque de la nature est complète, nous devons nous assurer qu'elle ne souffre aucune exception ; c'est là le critère de son exactitude. » Ce n'est pas le critère de l'exactitude d'une loi physique, que ce savant prétend ainsi nous fournir ; une telle loi est nécessairement correcte et n'a pas à être amendée. Il entend nous donner le critère de l'exactitude d'une « conception ». Cette expérimentation ne peut être faite que par un esprit qui s'est fait une conception déterminée de la loi. Mais dès que cet esprit donne une expression à sa conception, d'autres esprits peuvent vérifier si la règle posée s'applique à tous les cas sans exception.

Helmholz, s'occupant des sciences physiques, donne une signification plus dynamique au mot *loi* que ne le fait M. Mill, qui traite de la logique : « Si nous pouvons être certain, dit-il, que les circonstances dans lesquelles la loi agit se sont produites d'elles-mêmes, le résultat doit suivre sans arbitraire, sans choix, sans notre coopération, et par la nécessité même qui gouverne les choses du monde extérieur, aussi bien que notre propre perception. La loi prend ainsi la forme d'un pouvoir objectif, et c'est pour cela que nous l'appelons *force*. » C'est dans ce sens dynamique, dans le sens d'un pouvoir actif, qu'il parle même de « la loi de l'immutabilité de la matière », comme d'une force, qui, parmi les innombrables changements de forme, de lieu et d'apparence, résiste à tout changement réel de nature, de telle sorte que la molécule originelle reparaît toujours identique à elle-même.

C'est aussi ce point de vue que le duc d'Argyll relève, en mentionnant trois acceptions populaires du mot *loi*. Ce terme désignerait ou bien une force renfermée dans une succession de faits qui tombent sous l'observation; ou bien cette même force plus ou moins mesurée et définie; ou bien encore une force ou des forces combinées de quelque manière, en vue de l'accomplissement d'un dessein. Ces trois acceptions, empruntées fidèlement à l'usage courant, nous donnent de la loi une notion moins élevée que la définition de Helmholz. Elles parlent en effet de la force comme étant elle-même une loi, et il est évident que, par ce mot, elles écartent la force intellectuelle, la force morale, ou la force de la volonté, et entendent seulement la force physique, la gravitation ou le magnétisme, par exemple. Quant à Helmholz, au lieu de parler de la force comme d'une loi, il parle d'une loi considérée objectivement comme une force. Une loi qui est une force implique une intelligence pour proportionner la force et une volonté pour l'imposer. Une force ne peut être une loi que dans le sens où l'explosion de la poudre est une loi pour la balle, c'est-à-dire un mouvement irrésistible.

Le docteur Carpenter dit qu'il n'est pas scientifique

de parler de lois phénoménales, — par où il entend sans doute les lois physiques, comme régissant les phénomènes. En s'expliquant sur ce point, il donne une définition de ces lois. Elles ne sont « autre chose que l'expression compréhensive de faits particuliers agglomérés, mais elles n'en donnent en aucune façon la raison [1] ». Veut-il dire que la loi, considérée objectivement, c'est-à-dire en elle-même, est une expression de faits agglomérés, ou veut-il parler de la loi considérée subjectivement, c'est-à-dire dans les conceptions que nous nous en faisons ou dans les formules que nous lui donnons ? Je penche à croire qu'il parle dans le sens objectif, adopté souvent par les écrivains d'une école dont il est l'adversaire résolu; mais, pour les lecteurs ordinaires, il peut sembler qu'il s'agisse ici des formules. Si je comprends bien, la loi, selon le Dr Carpenter, exprimerait simplement pour nous un groupement de faits, sans indiquer aucun principe d'après lequel ils seraient groupés, ni aucun pouvoir présidant à ce groupement. Nos définitions de la loi seraient différentes, selon que nous nous les ferions à nous-mêmes, ou que nous les ferions pour les autres. Le Dr Carpenter laisse entendre que la disparition du terme *loi* du langage scientifique ne serait pas à regretter. La suggestion suivante, qui est de lui, n'est pas seulement strictement scientifique, mais d'une valeur pratique : « Pour ce qui regarde l'univers physique, au lieu de dire qu'il est réglé *par* des lois, il vaudrait mieux dire : *selon* des lois [2]. »

1. *Mental Physiology*, p. 693.
2. Page 340.

Le professeur Huxley, dans ses *Sermons laïques*, modifie ainsi la définition de Helmholz : « Nous entendons par loi une règle que nous avons toujours trouvée juste, et qui continuera toujours à l'être, nous l'espérons. » C'est bien là la définition d'une loi physique ; mais la seconde partie de la phrase l'affaiblit un peu. Helmholz ne va pas trop loin en demandant que la loi physique soit applicable « sans exceptions. »

IV

Dans ces points de vue si différents, il y a plus de confusion en apparence qu'en réalité. La confusion provient de l'emploi de termes qui s'appliquent tantôt à la loi considérée comme déterminant la méthode des opérations de la nature, tantôt à la loi, conception de notre esprit. Lorsqu'un écrivain parle d'une loi « établie », il n'est pas toujours facile de savoir s'il entend par là une loi établie de haut sur le domaine qu'elle régit, ou seulement une loi vérifiée et trouvée satisfaisante par les savants, et incorporée par eux dans le code de leurs statuts reconnus. De tous les écrivains, ceux de l'école de Comte sont peut-être ceux qui, à cet égard, ont besoin d'être interprétés avec le plus de soin. Une autre cause d'ambiguïté se trouve dans l'habitude de donner à des termes abstraits une signification concrète. Les langues française et allemande prêtent à cette confusion, et ouvrent la porte à quelque ambiguïté. Mais Stuart Mill n'a pas la même excuse lorsqu'en anglais il emploie le terme abstrait « une uniformité », pour désigner tout ce qu'il y a de plus concret, un ordre uniforme de successions. Une autre source d'obscurité se trouve dans la conscience qu'ont les écrivains, — et qu'ils ont dans la mesure où ils ont l'esprit fin, — qu'en se servant du mot *loi*, ils empruntent un terme à un domaine où il est à sa place, pour le transporter dans un domaine auquel il ne convient pas. Le raisonnement de l'ami de John Gilpin manquait de logique : « Mon chapeau et ma perruque vous iront, puisque j'ai la tête deux fois aussi grosse que la vôtre. » Non, non, ils iront fort mal, et votre chapeau descendra jusqu'aux épaules du pauvre Gilpin. Il en est ainsi du mot *loi*, lorsqu'on veut en coiffer les règles physiques. Il est fait pour une tête deux fois plus grosse. Il ira fort mal, et il nuira à la clarté de la vue.

Au milieu de toutes ces divergences, il est un point toutefois sur lequel l'accord est fait. Tous les écrivains sentent qu'en employant le mot *loi* dans le domaine physique, ils expriment, tant bien que mal, l'idée que l'ordre y existe, et, avec l'ordre, une continuité parfaitement sûre dans la succession des causes et des effets, les circonstances données étant les mêmes. Tous reconnaissent ces deux points : que les qualités de chaque agent sont immuables, et que, sous l'action de causes de changement identiques, ses modifications sont uniformes. Quelques-uns accueillent volontiers l'idée que, dans ce domaine, comme dans ceux qui sont susceptibles de vérification physique, l'ordre suppose un ordonnateur, et que la mise en œuvre de règles de proportion et de modes fixes d'action, dans des agents incapables eux-mêmes de dessein, de plan ou d'adaptation, suppose un gouverneur capable de vouloir, de préparer et d'adapter. Pour d'autres, une telle croyance est la bête noire, dont il faut éviter l'approche par d'habiles mouvements tournants, et, au besoin, en se cachant la tête dans le premier tas de sable venu. Ces hommes, pour être logiques, doivent refuser d'appeler *cause* une cause; elle est pour eux, un antécédent comme est votre ombre quand elle va devant vous; et ils doivent aussi refuser d'appeler *effet* un effet; il est pour eux un conséquent, comme vous l'êtes quand vous suivez votre ombre. La célèbre définition de la matière et de l'esprit, donnée par Stuart Mill, offre un curieux exemple de l'aise avec laquelle il glisse de l'objectif dans le subjectif, comme dans ses « uniformités » il glisse du concret dans l'abstrait. La matière est, selon lui, une possibilité permanente de sensation, l'esprit une possibilité permanente de sentiment. C'est-à-dire que la matière est définie d'après le principe objectif, et l'esprit d'après le principe subjectif. Supposez qu'il dise : La matière est une possibilité permanente d'expérimenter la sensation, et l'esprit une possibilité permanente d'expérimenter le sentiment! Sous cette forme, il est évident que la définition de la matière est un non-sens. Le cliquetis des mots a fait illusion à l'auteur, sans qu'il s'en soit rendu compte. Définissez un visage et un miroir comme il définit la matière et l'esprit, et vous direz de l'un qu'il est une possibilité permanente de réflexion et de l'autre, une possibilité permanente de réfléchir. M. Mill a voulu dire que la matière est une possibilité permanente de procurer des sensations, et l'esprit une possibilité permanente d'expérimenter des sentiments, parmi lesquels la sensation figure comme une sorte de sentiment. L'emploi de la forme abstraite et collective, « la sensation », est bien pour quelque chose dans cette confusion ; il faudrait dire ou « une sensation », ou « des sensations ».

V

Nous naviguons sur une mer plus unie, quand nous en venons à noter ce que les juristes considèrent comme constituant une loi. M. Austin appelle une loi « une règle établie pour guider un être intelligent, faite par un être intelligent ayant puissance sur lui [1] ». M. Austin soutient que les lois données par Dieu aux hommes, sont en réalité la seule loi naturelle de laquelle il soit possible de parler sans métaphore, ou sans confondre des objets qui doivent être distingués soigneusement. Il rejette donc, comme ambigu et propre à égarer, le terme « loi de la nature ». Il se plaint qu'il y ait, dans l'usage courant, de nombreux usages métaphoriques du mot *loi*, qui détournent ce terme de son sens, et, grâce auxquels « le champ de la jurisprudence et de la morale a été submergé par un déluge de bourbeuses spéculations ». Il considère, par exemple, que c'est détourner le mot *loi* de son sens que de parler de lois qui déterminent les mouvements des corps inanimés, ou de lois qui déterminent la

---

1. *The Province of Jurisprudence*, t. I, p. 88.

croissance et le dépérissement des plantes. Il soutient même que c'est un égal abus de parler de lois observées par les animaux inférieurs ; car, dit-il, là où il n'y a pas d'intelligence, ou du moins pas assez pour concevoir le dessein d'une loi, il n'y a pas la volonté sur laquelle la loi peut agir, ou que le devoir peut exciter ou contenir. Toute loi ou règle, continue M. Austin, est un commandement. Tout commandement implique, non la simple intimation d'un désir, mais aussi le pouvoir et le dessein, chez celui qui commande, d'infliger un châtiment si sa volonté est méconnue. Un tel commandement entraîne à sa suite une obligation ou un devoir, et manquer au devoir entraîne une pénalité. Aucun motif concevable ne rend l'obéissance inévitable. La menace d'une pénalité constitue la sanction de la loi. Sur ce point, M. Austin ne se rallie pas à l'avis de Locke et de Bentham, qui considèrent comme faisant aussi partie de la sanction de la loi la récompense, là où elle est promise. Il soutient que la récompense est seulement un motif d'obéissance, et que la sanction de la loi n'inclut, à proprement parler, que la pénalité pour celui qui désobéit.

VI

Nous avons franchi d'un bond les limites qui séparent le royaume des êtres sans vie du royaume des vivants. Ici les éléments constitutifs de la loi sont l'intelligence, l'autorité, la volonté, les motifs, la puissance d'agir et de modifier les phénomènes, et le libre choix de l'obéissance ou de la désobéissance. Chacune de ces idées, quand on la transporte dans le domaine physique, s'il n'est pas régi par un gouverneur intelligent, est la plus creuse des rhétoriques, une rhétorique qui égare, au lieu d'éclairer. Il en est parmi nous dont la raison, au milieu du labyrinthe des lois physiques, infiniment diverses et pourtant parfaitement concordantes, trouve son refuge dans la foi en un gouverneur tout sage et tout-puissant, dont chaque loi distincte exprime l'immuable dessein. Mais ce serait mentir à notre raison que de paraître attribuer une action intelligente à des agents qui obéissent aux lois physiques et les mettent en exercice. Si pour expliquer leurs mouvements, nous faisons intervenir l'intelligence et la volonté, ce n'est pas en eux que nous les plaçons.

La loi, d'après Austin, implique l'intelligence chez le législateur et l'intelligence chez ceux qui sont soumis à la loi. Elle implique, de son côté, l'autorité qui commande, et, du leur, la conscience de cette autorité ; de son côté, le pouvoir de donner ses motifs, et, du leur, la capacité de sentir ces motifs ; de son côté, la volonté d'exercer son autorité en vue d'un dessein défini, et du leur, le pouvoir de se conformer à ce dessein, ou de s'y refuser. Austin soutient que, sous la loi proprement dite, la désobéissance non seulement est possible, mais doit l'être, en dépit des motifs d'obéir, quel qu'en soit le poids. Mais en maintenant que l'agent moral est libre de violer la loi, lui reconnaît-il la capacité de l'altérer ? Non. Prétend-il que, libre de violer la loi, il peut l'annuler ? Non. Elle est loi, si on l'observe, et elle demeure loi, si on la viole.

VII

L'opposition rudimentaire entre l'idée de la loi physique et celle de la loi morale est nettement marquée par le professeur Sheldon Amos [1], sans que toutefois il en eût l'intention, sa tendance paraissant plutôt être d'accepter les notions courantes sur le gouvernement au moyen de la loi, sans définir strictement les limites des deux domaines. S'en tenant au sens de loi politique, que le mot loi a dans son livre, il la définit : « Un ensemble de commandements, formellement promulgués par une autorité politique souveraine. » Cette définition renferme en germe tout ce que nous avons trouvé dans Austin, avec l'élément additionnel et important de la promulgation. Cet élément représente, dans nos lois, l'appel de l'intelligence à l'intelligence ; la communication de l'esprit du législateur avec l'esprit des agents soumis à la loi. Il en va ainsi pour la loi divine. Les modes de promulgation diffèrent suivant la nature du législateur et celle des agents soumis à la loi. J'ai dit que la promulgation implique l'intelligence au-dessus de la loi, et l'intelligence au-dessous ; l'intelligence dans le législateur, et aussi dans l'agent subordonné. L'action de l'intelligence au-dessus de la loi est invariable et absolue ; mais, dans le domaine soumis à la loi, si l'action de l'intelligence se retrouve invariablement chez les agents moraux, elle fait défaut chez les agents inconscients, et chez les agents privés

---

1. *Science of Jurisprudence*, p. 1 et 2.

d'intelligence. Mais nous pouvons très bien concevoir la promulgation d'une loi, à laquelle certains agents sont soumis sans la comprendre, et qui fait appel à l'intelligence d'autres agents en relation avec les premiers, et soumis à la loi qu'ils comprennent. Les oiseaux et les animaux les plus intelligents de l'Angleterre n'ont rien su, par exemple, de la promulgation de la loi sur la cruauté envers les animaux. Cependant cette loi a été un événement pour eux, un phénomène très réel dans leurs relations avec les forces physiques qui les entourent, et avec les forces morales qui régissent à la fois les forces animales et les forces physiques. De même, la loi sur les chiens, que la Chambre des lords a promulguée, est ignorée du chien le plus intelligent, préposé à la garde du palais législatif. Elle est toutefois d'un intérêt vital pour un grand nombre de chiens. Aucun chien de bon sens ne serait assez agnostique pour dire que, puisque la loi lui est inaccessible, qu'il ne peut la connaître et qu'en fait il ne la connaît pas, il est résolu à en repousser l'idée comme une simple fiction théologique. La loi se fera connaître à lui, autant qu'il peut la connaître, par des moyens appropriés à son intelligence; elle agira sur lui pour le gêner, le contraindre ou le protéger.

Mais voici le passage du professeur Amos que je voulais citer : « L'existence de la loi implique celle de deux classes de personnes dans la communauté. » L'une de ces classes est celle qui fait la loi et l'impose, et l'autre celle à qui elle est imposée; les premiers infligeront une punition aux seconds s'ils violent la loi ; car, affirme le professeur Amos, « chaque loi prévoit la possibilité d'un acte de désobéissance, et tout acte de désobéissance déclarée à une loi entraîne certaines conséquences inévitables [1] ». Ceci suffit à mon propos ; mais remarquez ce qui suit : « Une loi ne peut être imposée qu'à des personnes capables de lui obéir ou de lui désobéir à leur volonté. »

Ce fait, qu'une loi, au sens propre du mot, ne peut être imposée qu'à ceux qui sont capables de lui obéir ou de lui désobéir à leur gré, est un fait scientifique, tout autant que le fait qu'un rayon de lumière ne peut traverser qu'un corps transparent. Mais ce fait, qui est un axiome absolu, lorsqu'il est question de lois au sens vrai du mot, a pour conséquence de rejeter en dehors du domaine de la loi toutes les règles de proportion découvertes dans l'étude des agents physiques et tous les modes d'action découverts dans les opérations physiques. Ces agents et ces opérations se meuvent en effet dans des chaînes inéluctables pendant toute la durée de leur existence naturelle.

Imaginez, si vous le pouvez, chaque loi physique surveillant les actes d'insubordination commis contre elle, comme c'est le propre de la loi morale de le faire. Imaginez la gravitation veillant à ce qu'aucun

---

1. « Déclaré » ou non, chaque acte de désobéissance entraîne des conséquences. La désobéissance entraîne la possibilité d'être découvert, celle-ci la possibilité d'être accusé, celle-ci la possibilité d'être trouvé coupable, celle-ci la possibilité d'être soumis à une pénalité. La moindre peine qu'un coupable puisse souffrir, c'est la possibilité d'être découvert, et cette crainte a souvent suffi pour conduire un homme au tombeau. Mais à chaque anneau de la chaîne, le mal encouru s'offre à l'état de possibilité, mais non de certitude.

corps ne se refuse à graviter! Imaginez la température
veillant à ce que les corps qui s'étendent ou se contractent sous son influence ne prennent pas avec elle
quelque liberté coupable! Et, ce qui est plus grotesque
encore, imaginez les lois physiques réduites, pour se
faire obéir, à user de commandement, à établir des
pénalités!

Les lois physiques impliquent, elles aussi, deux facteurs : celui qui les édicte et les impose et celui qui
les exécute. Elles supposent le premier aussi bien que
le second, à moins que l'on ne repousse toutes les analogies observées dans toute l'étendue de l'expérimentation humaine, et à moins que l'on ne fasse table rase
de toutes les habitudes de raisonnement qui donnent
à l'homme le droit de s'appeler un être raisonnable;
et cela afin de nous obliger à fermer les yeux à l'évidence en niant l'existence au-dessus de nous d'un
suprême Pouvoir, et de nous faire croire que notre
seule Providence est l'humanité, cette humanité qui ne
peut pas plus nous ramener la clarté du jour lorsqu'elle
a disparu, qu'elle ne peut nous faire un nouveau soleil,
une nouvelle lune et de nouvelles étoiles [1]. Mais soit
que les règles physiques présupposent clairement un

---

1. « Seule Providence de notre terre », est un axiome favori
des positivistes. Voy. Robinet, *Auguste Comte*, p. 37. Il dit encore
(p. 50) : « La seule Providence réelle de notre terre, celle de
l'humanité, à la fois matérielle, sociale, intellectuelle et morale,
suivant qu'elle émane des patriciens, des prolétaires, des prêtres ou des femmes. » Les mots : prolétaires, patriciens, prêtres,
ont tous, chez Auguste Comte, une signification spéciale, que le
langage commun ne semble pas comporter. Nous verrons plus
loin quel usage pratique Comte faisait de ce principe en politique.

sage et puissant Auteur, soit qu'elles ne le fassent pas, elles ont ce caractère, que le second facteur est complètement incompétent pour les déchiffrer, les amender, les détruire ou les violer. Dans le grand laboratoire de la loi, les règles physiques sont absolument nécessaires à la marche des choses, mais elles ne sont pas les forces qui agissent; elles sont moins encore l'esprit qui dirige, et auquel il appartient de décider quel est le but à atteindre, quelles forces doivent être mises en activité, dans quelle mesure elles doivent l'être, et comment elles devront se combiner et s'entre-croiser pour aboutir à un résultat que les agents physiques ne prévoient pas plus que ne le font les forces qu'ils emploient. Et, pour changer d'exemple, ces règles physiques sont aussi nécessaires au règne de la loi que les presses à imprimer, les caractères et l'encre le sont au règne de la littérature. Elles ne peuvent toutefois pas davantage se substituer à l'action combinée d'instruments déterminés et d'agents libres, qu'un établissement typographique ne peut composer un texte, y faire des fautes, les corriger et l'imprimer, sauf quand il est mis en mouvement par la force motrice de l'esprit.

VIII

Marquons, en quelques mots, la distinction entre la loi morale, au sens large, et la loi politique, telle qu'elle est définie par les deux savants juristes que nous avons cités. Leurs définitions suffisent pour indiquer clairement les qualités essentielles d'une loi morale. C'est une loi donnée par un être intelligent à des êtres intelligents, dans le but de spécifier et de déterminer les rapports qu'il veut établir, d'abord entre lui et d'autres êtres intelligents, secondement entre lui et les créatures non intelligentes, troisièmement entre lui et les choses inconscientes ; cette loi a enfin pour but de spécifier et déterminer les relations du législateur avec les agents soumis à la loi, soit dans le cas d'obéissance, soit dans celui de désobéissance. Une telle loi entre en exercice en vertu de la seule autorité du législateur. Cette autorité est le droit reconnu d'un être intelligent de commander à d'autres. L'autorité ne pouvant agir que sur des forces intelligentes et morales, et non sur des forces physiques, la loi suppose chez ceux qui lui sont soumis, d'une part la capacité de comprendre son but pratique et, de l'autre, celle de l'exécuter ou de lui refuser leur obéissance. Elle suppose de plus chez eux l'existence de la conscience du bien et du mal, de l'amour du bien et de la crainte du mal, et elle fait appel à ces sentiments comme à des pouvoirs moteurs ; elle agit sur la conscience par la simple manifestation du bien et du mal ; elle provoque à l'espoir ou à la crainte, en promettant le bonheur en cas d'obéissance, et en menaçant du châtiment en cas de désobéissance. Le sentiment de la supériorité du bien sur le mal, éveillé par la vue de l'un et de l'autre et par leur opposition, et l'espoir et la crainte, éveillés par la promesse et par la menace, constituent les forces actives de la loi, pour pousser à l'obéissance et éloigner de la désobéissance.

Une telle loi, imposée seulement par l'autorité, et

non par une force à laquelle on ne pourrait résister, peut être violée, et prévoit même cette possibilité. Mais en la violant, on ne l'annule pas ; au contraire, c'est alors que l'autorité qui l'a édictée a recours, pour la venger, à la force qui n'a pas été employée à la faire exécuter. La force la venge par l'infliction d'une pénalité. La menace de la pénalité est la sanction de la loi. Avec cette sanction coopère la perspective d'une récompense pour celui qui obéit. Même lorsque aucune récompense spécifique n'est énoncée, chaque loi implique la plus compréhensive de toutes les formes de récompense, c'est-à-dire l'élévation de son observateur à tous les droits et privilèges de l'innocent.

C'est une erreur fondamentale de considérer un rapport moral comme limité aux deux parties qui sont en présence, sans aucun lien entre chacune d'elles et une troisième, à laquelle elles sont toutes deux liées. Il est de l'essence de la loi morale que, soit que la partie lésée puisse venger ses droits, soit qu'elle ne puisse pas le faire, ces droits reposent sur l'autorité de quelqu'un qui a le pouvoir de les venger. Il est également de l'essence de la loi morale que, si la partie lésée n'a pas conscience de ses droits, soit parce qu'elle est trop jeune, soit parce qu'elle est rendue inconsciente par suite de sommeil ou d'évanouissement, ou par toute autre cause, ses droits reposent sur l'autorité de quelqu'un qui n'est ni endormi, ni absent, ni accessible à la corruption.

Le simple précepte du Lévitique, qui enjoint de laisser, après la moisson, des glanures pour le pauvre, illustre ce principe de la loi morale mosaïque. Rien n'est ajouté, par voie de raison, de sanction ou de promesse, sauf ceci : *Je suis le Seigneur !* le Seigneur de la veuve affamée, mais aussi du riche propriétaire; le Seigneur de l'épi perdu aussi bien que des gerbes ramassées; le Seigneur des greniers remplis et des vents qui peuvent compromettre la moisson. Cette noble formule : *Je suis le Seigneur*, revient constamment, rattachée aux actes les plus communs de la vie domestique et du trafic quotidien, mettant ainsi, comme par une chaîne de lumière et de bonté, les plus humbles mouvements d'un agent moral en communion avec le trône de la majesté divine, et plaçant la cause de la créature sans défense sous la protection des tonnerres et des éclairs du suprême Justicier, de Celui qui réunit dans ses mains les droits de tous les vivants. Il en résulte que celui qui viole le plus petit de ces droits a à compter, non seulement avec un être ayant les mêmes droits que lui, mais avec Celui qui en a de supérieurs; non seulement avec celui qui a droit à la justice, mais aussi avec Celui qui a droit à la gratitude, à la crainte et à l'obéissance; non seulement avec celui dont la seule force est faiblesse, mais aussi avec Celui qui possède la force de la puissance éternelle et de la divinité, sous les ailes duquel la faiblesse repose en paix, souriante dans le sentiment d'une protection irrésistible.

IX

Ayant mis en face l'un de l'autre les deux ordres de lois, nous pouvons commencer à passer en revue les points sur lesquels ils s'accordent et ceux sur lesquels ils diffèrent. Nous avons vu au début que le point fondamental sur lequel ils s'accordent, c'est que chacun d'eux détermine un ordre de rapports : les lois physiques déterminant l'ordre des rapports entre les agents inconscients, et les lois morales entre les agents moraux. En d'autres termes, les rapports entre les agents sont respectivement de même nature qu'eux. Les rapports des agents inconscients sont fixes et inviolables. Les rapports des agents moraux sont également fixes, mais le sont autrement, non comme inviolables, mais comme normaux. En d'autres termes, les rapports qui existent entre un agent et un autre agent sous la loi physique sont uniformément identiques avec ceux déterminés par la loi; tandis que les rapports qui existent entre un agent et un autre agent sous la loi morale peuvent différer considérablement de ceux qui sont déterminés par cette loi.

Le mot *déterminé* a donc un sens différent, suivant l'ordre de la loi auquel il s'applique : dans un cas, il signifie rendre inévitable une certaine marche; dans l'autre, il signifie la rendre obligatoire.

Ces deux lignes de lois s'avancent dans un parallélisme continu, l'une fléchissant lorsque l'autre fléchit, et toutes deux tendant dans la même direction. On pourrait les comparer aux lignes du chemin de fer et du télégraphe qui courent côte à côte, l'une transmettant des impulsions qui portent des ordres, tandis que l'autre transmet seulement des impulsions qui portent des fardeaux, chacune obéissant à une loi différente, et les deux toutefois coopérant au but commun. Et ce but est de fournir à des agents libres des instruments uniformes, sur lesquels ils ont le contrôle et qu'ils peuvent mettre en mouvement, quoique ces instruments aient leurs lois spéciales, que les agents moraux n'ont pas établies et qu'ils ne peuvent ni enfreindre ni éluder.

Aussi insensé serait celui qui tenterait de se servir d'une loi physique pour provoquer un sentiment d'obligation morale que celui qui voudrait donner la vapeur pour moteur au télégraphe. Il ne serait pas plus vain, le jour d'une grande victoire, de demander à une locomotive d'en porter instantanément la nouvelle à Paris et à New-York, à Sydney et à Saint-Pétersbourg, à Calcutta et à Londres, ou de demander aux employés du télégraphe de transporter, au moyen de leurs fils, un millier de blessés, qu'il ne le serait de vouloir régir un agent physique au moyen d'un ordre donné. Le télégraphe et le chemin de fer nous montrent l'action coordonnée de deux sortes d'agents sous deux sortes de lois; dans chaque cas, des choses fort différentes sont nécessaires pour se compléter l'une l'autre et s'harmonisent pour produire des effets communs. Les rapports des agents physiques, étant inviolables, sont donc uniformes, tandis que les rapports des agents moraux, sans être uniformes, sont ascendants, et ce n'est qu'à ces conditions que l'ordre peut s'établir.

X

Un second trait commun aux deux ordres de lois, c'est qu'aucune loi, dans aucun des deux ordres, ne peut être annulée par les agents assujettis à cet ordre de lois ou à l'autre. Une loi morale peut être violée; elle ne peut être abrogée. Les hommes peuvent la violer, et non pas seulement dans le sens métaphorique dans lequel, à les entendre, ils violent la loi physique. La loi morale peut être dépouillée du contrôle qu'elle exerce sur ses subordonnés. Ils peuvent ne pas faire ce qu'elle leur ordonne de faire, et faire ce qu'elle leur défend de faire. Quand se produit l'un de ces cas, le contrôle de la loi est suspendu, et une partie du domaine qu'elle devait régir lui échappe. La force des motifs, qui est la force agissante de la loi, a rencontré devant elle la force opposante de la volonté, et la volonté a prévalu contre la loi; l'acte a suivi l'impulsion de la volonté et interrompu l'action d'une loi.

Interrompre l'action d'une loi! c'est là une parole terrible, car la chose qu'elle exprime n'aurait jamais dû être faite. Ici encore se rencontre l'union dans un acte de l'instrument inconscient et de l'agent conscient. Où est le corps qui puisse violer une loi? il n'est pas dans la mer, si émus que soient ses flots; il n'est pas dans le vent, si déchaîné qu'il soit; il n'est pas dans les éclats les plus terribles de la foudre, ni dans les tremblements de terre les plus mystérieux, ni dans les plus durs métaux, ni dans les rayons de lumière les plus rapides. Où est le corps qui puisse violer une loi? Où est le corps qui puisse faire du pur air de Dieu le messager qui porte un mensonge? Où est le corps qui puisse faire du fer, ce don précieux de Dieu, un instrument de meurtre? Où est le corps qui, quand la voix de la juste loi dit : Tu dois! peut répondre : Je ne veux pas! et quand la même voix sacrée dit : Tu ne dois pas! peut répondre : Je veux!

L'expérience de l'humanité n'a fait connaître qu'un seul corps ayant ainsi la redoutable liberté de violer la loi. Et c'est ce corps qui, uni à l'âme de l'homme, forme le lien final entre les instruments inconscients et les agents moraux, et obéit à la volonté humaine comme les fils électriques à la volonté du télégraphiste.

Mais quand l'offenseur a accompli son acte mauvais, sur quoi se tient-il debout? est-ce sur le cadavre de la loi morte? est-ce sur la tombe de l'autorité ensevelie? Non, la loi qui semblait n'être auparavant qu'une chose que l'on pouvait mettre de côté, grandit maintenant jusqu'aux proportions d'un pouvoir immuable dont on ne peut jamais se défaire. L'autorité qui semblait naguère autoriser la résistance, s'est redressée armée contre la rébellion. Avant son crime, l'agent était sous la loi, qui, si elle le limitait, le protégeait aussi, et si elle lui demandait un effort, lui promettait aussi une grande récompense. Après son crime, il n'est pas moins sous la loi qu'auparavant, mais il y est pour son châtiment et pour sa honte. Lui qui croyait s'élever orgueilleusement au-dessus de la loi, il sent que jamais auparavant il n'a rampé si bas que maintenant et il sent peser sur lui un poids écrasant. Une loi observée est douce comme une mère nourrice; une loi violée est plus terrible qu'un géant irrité. Vous avez vu trois hommes marcher ensemble dans la rue; au milieu était un agent de police, d'un côté un honnête homme et de l'autre un voleur. Tous les trois étaient sous la loi : l'agent de police en était l'organe, le citoyen en était le protégé, et le voleur en était le prisonnier; deux étaient sous sa protection et le troisième était en sa captivité, et ce dernier sentait bien plus que les deux autres le poids de la loi, et en même temps l'aiguillon du péché.

XI

Passons aux différences qui existent entre les deux ordres de lois. La première, qui nous est suggérée par ce qui vient d'être dit, c'est que, tandis que la loi morale représente deux volontés, la loi physique n'en représente qu'une. Nous ne pouvons concevoir une loi réelle que comme un commandement ayant au-dessus de lui un législateur intelligent, et au-dessous un agent intelligent. Mais cette dernière idée n'est pas seulement étrangère à notre conception des lois physiques; elle lui répugne de plus absolument. Elles règnent plus bas que ce royaume des vivants où la volonté répond à la volonté. Elles régissent des agents qui ne changent jamais de vues. Le commandement, comme nous l'avons vu, n'est pas un langage connu parmi les choses inconscientes, pas plus que la prohibition. Privées de volonté, elles ne subissent ni l'influence du *Tu dois!* ni celle du *Tu ne dois pas!* Le mot qui créa les agents physiques fut : *Sois!* et leurs propriétés et capacités furent fixées pour toujours par ces mots : *Sois selon ton espèce!*

De tels agents dépourvus de volonté auraient composé le système unique de l'univers, si son chef eût borné son ambition à être le fabricant de machines parfaites, ou à donner l'impulsion initiale à un mouvement perpétuel. Mais il voulut être le père d'êtres possédant comme lui le pouvoir de penser, de sentir et d'agir. Il confia à ces êtres la terrible faculté de violer la loi; une faculté qui domine toutes les autres comme une sommité mystérieuse, à moitié cachée dans les nues.

Il est vraiment étrange que la question du libre arbitre ait été si souvent transportée de son domaine naturel dans un autre qui n'est pas le sien. On a voulu entendre par la liberté de la volonté le pouvoir d'accomplir pleinement les lois de Dieu; et comme, dans l'homme déchu, ce pouvoir ne se trouve pas, on en a conclu qu'il n'est pas libre. Mais il en résulte qu'il est libre de violer la loi, et nullement que ses actions sont enchaînées par la nécessité; ce n'est pas le libre arbitre qui lui manque, mais la capacité morale. Si une violation de la loi ne se fût jamais produite dans aucun monde, la question du libre arbitre ne se serait jamais posée. L'universelle uniformité paraîtrait être tout excepté une preuve concluante de l'universelle nécessité. Ce que la faiblesse morale de l'homme a prouvé, ce n'est pas que le pécheur ait péché par suite d'une impulsion venue d'en haut, mais plutôt que, tandis que l'homme intérieur voyait et approuvait le bien, la conscience n'a pas su maîtriser les sentiments, les habitudes, et les tentations, et qu'elle a laissé l'homme devenir captif du mal qu'il condamnait au dedans de lui-même. Le fait qu'un ivrogne, honteux de son vice et effrayé de ses conséquences, ne peut passer impunément devant un cabaret, à moins qu'une volonté plus forte que la sienne ne l'entraîne, prouve qu'il a besoin que quelqu'un lui communique force et volonté, mais ne prouve pas qu'il soit forcé d'entrer et de boire par l'action de forces prédéterminantes. Le fait même qu'une volonté plus forte suffit pour soutenir la sienne est la preuve que la liberté dont il a besoin n'est pas la liberté à l'égard d'un pouvoir supérieur, mais la liberté à l'égard de la dépravation de ses habitudes, et de l'infinité de sa volonté.

XII

Comment une volonté peut-elle agir sur d'autres volontés? C'est assurément un grand mystère. Mais c'est un mystère encore plus grand qu'une volonté puisse agir sur la matière inconsciente. Comment se peut-il faire que des substances qui n'ont aucune connaissance de ce que l'esprit attend d'elles, et qui n'ont aucun pouvoir de répondre oui et non à l'impulsion d'une volonté, comment ces substances peuvent-elles néanmoins recevoir de cette volonté l'impression qu'elle veut produire? Et surtout comment est-il possible qu'elles conservent pendant un temps prolongé, peut-être pendant des siècles, les propriétés dont l'esprit a voulu qu'elles fussent douées? Tout ce que nous en savons, c'est que les choses se passent de la sorte, non seulement à l'égard de la matière, mais à l'égard des volontés finies. La volonté de l'homme ne peut pas créer la matière, mais elle peut la façonner. Si nous prenons une substance qui serait demeurée mêlée à la terre et aux pierres, si elle n'était jamais tombée sous le regard de l'homme, nous trouvons qu'après avoir été soumises quelque temps à son action, certaines portions ont pris des qualités dissemblables, toutes étrangères à la substance primitive, et que de ces qualités les unes sont transitoires et les autres permanentes. Je ne parle pas ici d'un sujet plus vaste, sur lequel je reviendrai, savoir du pouvoir de l'homme de modifier les phénomènes en général; je ne m'occupe que du pouvoir qu'il a d'imprimer à la matière certaines propriétés.

L'homme prend du minerai de fer, par exemple. Il communique à une portion les propriétés de l'aimant; et le fer restera aimanté, longtemps après que celui dont la volonté l'aura amené à cet état aura disparu et sera mort, et cet état deviendra la cause permanente d'un long enchaînement d'effets. Il galvanise une autre portion de ce métal, et lui communique ainsi de nouvelles propriétés. Il donne à une autre portion la forme d'une colonne et, longtemps après lui, son idée demeure incorporée dans des lignes rigides. Il rend d'autres portions flexibles comme l'osier et élastiques comme un gaz, et quand il ne pourra plus compter les heures, son œuvre aidera à d'autres à les compter. Il enseigne à d'autres portions à flotter, et elles glissent sur les vagues. Il enseigne à d'autres à fendre les airs avec une rapidité plus grande que celle de l'oiseau.

Prenons une autre substance, l'argile. Le sculpteur

fait passer en elle ses conceptions, de façon à lui faire représenter son idéal de beauté ou de force, de gaieté ou de volupté, y imprimant non seulement sa volonté, mais même les plus fines nuances de ses émotions personnelles, et en faisant, sans qu'il le veuille, le témoin si fidèle de ses particularités, qu'aucun critique sérieux n'hésitera à y reconnaître sa main. Les œuvres du potier d'argile ne sont guère moins remarquables que celles du sculpteur; car tandis que celui-ci, pour rendre son œuvre permanente, doit la transporter dans le marbre, le potier se fait à lui-même une sorte de marbre dans lequel ses idées vivront lorsque sa nation aura disparu, de telle sorte que, quand les tours et les murailles, qu'il considérait avec crainte durant sa vie, seront recouvertes par la poussière des siècles, ses fragiles poteries et leurs teintes transparentes seront toujours admirées. On pourrait mentionner encore les matières colorantes auxquelles, par les mains du chimiste et du peintre, la volonté humaine fait subir d'incroyables transformations, qui attesteront sa puissance aux âges futurs.

On pourrait continuer indéfiniment cette série d'illustrations, qui montreraient comment la volonté peut colorer ce qui est incolore, rendre blanc ce qui est coloré, donner l'opacité à ce qui est transparent et la transparence à ce qui est opaque, la douceur à ce qui est acide et l'acidité à ce qui est doux; changer le solide en fluide et *vice versa*, rendre chaud ce qui est froid, mettre en mouvement ce qui est au repos. La volonté agit sur l'air et en fait le véhicule de la pensée et du sentiment. La volonté introduit la matière morte dans l'être vivant et modifie par elle les qualités des substances organiques. C'est ainsi que l'éleveur peut modifier le goût de la viande des bestiaux qu'il élève, et même celui du lait et du beurre de ses vaches; il peut même modifier, dans des limites restreintes, mais très appréciables, les formes des générations futures de son bétail. Les dispositions et les qualités héréditaires des chiens, des chevaux, des oiseaux de basse-cour, etc., sont plus ou moins susceptibles d'être modifiées par la volonté humaine.

L'homme forme à volonté des corps inconnus à la nature, et ces corps composés ont des qualités auparavant inconnues. Il ne peut, il est vrai, faire aucune substance originale. Il ne peut, par exemple, faire ni du soufre, ni du charbon, ni du salpêtre, mais avec ces trois substances il peut faire de la poudre à canon, qui possède des propriétés qu'elles n'ont pas séparément et que, différemment combinées, elles ne développeraient pas. Ces propriétés ne se voient pas, et ne peuvent être connues que par leurs effets. Toutefois elles sont permanentes, et nul homme sain d'esprit ne soutiendra que nous ne savons rien d'autre au sujet de la poudre si ce n'est qu'elle est noire, granuleuse, qu'elle pèse tant en proportion de sa densité, qu'elle a un goût acide et une mauvaise odeur, qu'elle est opaque, non sonore et composée de telles et telles proportions des trois substances. Comme de beaucoup d'autres choses, ce qu'on en connaît de plus clair, c'est qu'elle est une force invisible qui se fait connaître par ses effets. Le pouvoir qu'un homme a de donner des propriétés nouvelles aux corps est en effet la faculté de produire des causes secondes ; car, comme nous l'avons vu, ces propriétés ne se font connaître que par les effets qu'elles produisent.

XIII

Nous entendons quelquefois vanter comme s'il était illimité le pouvoir de l'esprit sur la matière. Il s'en faut de beaucoup qu'il le soit. Il est limité à tout instant par des barrières fixes, qu'il ne peut, en aucune façon, franchir. Toute action de la volonté humaine sur la matière présuppose l'existence de cette dernière ; ce qui explique ce fait que les théories de l'univers, conçues avec le dessein d'exclure l'hypothèse d'un esprit créateur, commencent toutes par présupposer explicitement ou implicitement l'existence de la matière, et généralement aussi celle du mouvement. On y ajoute leurs attributions essentielles, et l'on nous place au beau milieu des choses quand il faudrait nous en expliquer le commencement. On nous installe au centre d'un continent pour nous fournir une vue correcte des rivages de l'Océan. Les deux limitations essentielles de la puissance de la volonté humaine sur la matière, limitations d'où découlent toutes les autres, sont qu'elle ne peut produire la matière ni lui conférer aucune de ses qualités originelles.

La création proprement dite implique des pouvoirs distincts de conception, de production et de formation. Par la conception, l'esprit se représente à lui-même ce qui n'existe pas ailleurs, et le façonne en lui-même à sa convenance, alors que la chose ainsi façonnée n'a ni corps ni place en dehors du monde idéal de la pensée. Par la production, l'esprit appelle à l'existence ce qui n'existe pas et donne un corps à sa conception. Par la formation, il façonne ce qui existe déjà, de manière à lui faire réaliser sa conception.

Or, nous trouvons en l'homme deux de ces facultés avec l'absence totale de la troisième. Il a le pouvoir de conception et celui de formation ; il n'a pas le pouvoir de production, excepté dans le sens dérivé où il produit de nouvelles combinaisons de matériaux existant préalablement. Il peut, dans la limite de ses facultés, se représenter en idée des choses qui ne sont pas et qui n'ont jamais été. Il peut les changer, les agrandir, les réduire, les construire et les compléter, tout cela dans le secret de son âme. Il peut nommer ces choses qui ne sont pas comme si elles étaient. Mais s'il les appelle, elles ne répondent pas à leurs noms. Il n'a aucune puissance pour les faire sortir de son monde idéal et leur donner un corps. Il peut prendre des corps déjà existants et en tirer, dans la mesure du possible, la réalisation de son idée. Il lui faut, pour employer l'expression courante, la matière première. Il peut idéalement couvrir les champs de froment, entasser sur des quais des balles de coton, remplir des greniers d'écheveaux de soie, mais il ne peut pas les faire. La production correspond généralement à la conception des moyens, et la formation à la conception des fins. C'est comme moyen pour arriver à des fins ultérieures que la matière première est indispensable, le froment pour la farine, et ainsi de suite. Le pouvoir, étonnamment étendu, que possède l'homme de convertir des matériaux de toutes sortes en moyens pour atteindre ses fins, nous familiarise avec des transformations de la matière par l'esprit, avec des productions que nous appelons créations, avec des choses nouvelles et jusqu'ici inconnues, avec des choses que les sages d'hier auraient cru impossibles. La matière, comme servante et expression de l'esprit, comme son instrument docile, comme moyen de donner un corps à ses idées, et de transporter ses desseins intimes dans la réalité extérieure, est l'un des spectacles les plus ordinaires qui s'offrent à notre vue ; et tout cela nous prépare à concevoir la matière comme le produit de l'esprit. Si l'esprit fini peut produire de nouvelles formes de la matière et lui communiquer de nouvelles qualités, il est naturel de concevoir un esprit infini produisant la matière elle-même et lui communiquant ses qualités originelles, aussi aisément qu'il produit la pensée.

Nous ne connaissons aucun cas où la matière ait produit de nouveaux genres d'esprits, de nouveaux attributs de l'esprit, de nouvelles combinaisons de l'esprit. Nous ne pouvons pas par conséquent concevoir l'esprit comme le produit de la matière. Mais la distance qui sépare l'action que l'esprit de l'animal peut exercer sur la matière, de l'action que l'esprit de l'homme peut exercer sur elle, est assez considérable pour nous préparer à concevoir la matière comme étant la création d'un esprit, aussi élevé au-dessus de l'esprit de l'homme que celui-ci l'est au-dessus de l'esprit du ver de terre.

XIV

Les phénomènes qui représentent une volonté unique doivent être observés dans les divers cas indiqués plus haut. La statue, qui semble animée de toutes les passions de la lutte, n'exprime en réalité d'autre volonté que celle de son auteur; il en est de même pour les autres cas. Dans l'étude de chaque cas où la volonté agit sur la matière, la recherche du *pourquoi* nous mène plus loin que celle du *comment*, et c'est là un fait qui se reproduit toutes les fois que l'on a devant soi un agent moral, et non un agent physique. Quand Bacon parlait d'interroger la nature, il n'était pas le jouet de sa rhétorique. Il entendait par là simplement faire une expérience, en se servant de ses sens d'abord et de sa raison ensuite. Il ne demandait pas aux fleurs pour quelle raison elles se nourrissent de rosée. Il savait qu'il est impossible d'obtenir d'un agent physique le *pourquoi*, de même qu'il est souvent impossible d'obtenir le *comment* d'un agent moral. Le *pourquoi* est une question d'esprit et de volonté, avec laquelle l'agent physique n'a rien à voir. Le *comment* est une question de méthode, qui est souvent inconnue à l'agent moral, même quand le *pourquoi* est facile à trouver. *Comment?* est une question qui pénètre à l'intérieur du phénomène. *Pourquoi?* est une question qui va par delà. On les confond souvent l'une avec l'autre.

Si nous demandons : Comment tourne la roue d'un bateau à vapeur? la vraie réponse n'est pas : Par la vapeur. La vapeur est la cause, le *pourquoi* du mouvement ; elle n'en est pas le *comment*. La question *comment* présuppose que l'on comprend déjà le fait. La réponse : « Par la vapeur » explique l'origine de ce fait. La vraie réponse est : La roue tourne en rond, non en arrière et en avant comme une porte sur ses gonds. Elle tourne en avant, non en arrière. Elle tourne à demi-vitesse. Elle tourne tel nombre de tours à la minute. Ce sont là des particularités qui répondent proprement à la question *comment*. Mais avec un agent physique, la réponse au *pourquoi* est toujours : Parce qu'il est forcé. La roue du bateau à vapeur ne tourne pas pour une autre raison. En demandant pourquoi elle tourne, vous passez à un autre phénomène qui se trouve derrière le premier, le phénomène de la contrainte exercée sur la roue, et c'est ici que le *comment* revient de nouveau. Comment la roue est-elle forcée de tourner ? L'axe tourne et l'entraîne dans son mouvement. Pourquoi l'axe tourne-t-il ? De nouveau parce qu'il y est forcé. Comment ? La manivelle le pousse. Pourquoi la manivelle le pousse-t-elle ? Toujours parce qu'elle y est forcée. Comment ? La tige du piston la pousse. Pourquoi la tige du piston la pousse-t-elle ? Parce qu'elle y est forcée. Comment ? La vapeur la pousse. Mais, encore une fois, pourquoi la vapeur la pousse-t-elle ? Uniquement parce qu'elle y est forcée. Comment est-elle forcée ? Le feu pousse l'eau de toutes parts et en chasse les particules vaporisées, les poussant si violemment qu'elles chassent tout devant elles.

Si cela ne vous fatigue pas trop, suivons la chaîne jusqu'au bout. Pourquoi donc le feu pousse-t-il l'eau ?

Parce qu'il y est forcé. Comment? La combustion développe la chaleur et la flamme. Mais ici il nous faut changer la forme de nos questions. Jusqu'ici il n'a été question que de pousser; c'était de la mécanique pure, le mouvement produisant le mouvement. Mais qu'est-ce que la combustion? C'est quelque chose par quoi une force, qui n'est plus mécanique, mais chimique, s'assimile de la terre, de l'air et de l'eau, et, les fondant en soi-même, en fait du feu, c'est-à-dire une force dont les impulsions sont plus puissantes qu'aucune autre. Pourquoi la force chimique produit-elle la combustion? Parce qu'elle y est forcée. Comment? Le chauffeur a frotté une allumette qui a produit une flamme; il a transporté la flamme de l'endroit où elle a été produite à celui où le combustible était prêt, et l'y a laissée jusqu'à ce qu'ils aient été enflammés. Pourquoi le chauffeur a-t-il frotté l'allumette? Parce qu'il avait reçu des ordres. Des ordres? des ordres? Voulez-vous dire qu'il a été poussé? Non. Qu'il a été forcé? Non. Qu'un axe en tournant l'a contraint à tourner avec lui? Non. Mais si des ordres ne sont pas une force, que sont-ils? S'ils ne poussent pas, et cependant font mouvoir les choses, que peuvent-ils bien être? En passant de la poussée mécanique et tangible à cette chose cachée qui s'appelle une force chimique, nous avons fait un grand saut. Mais c'est un abîme qu'il nous faut franchir pour passer du royaume des forces dans cette autre région où ce n'est plus la force qui produit l'action, mais quelque chose que nous appelons des ordres; et c'est pourtant cet abîme qu'il faut franchir pour suivre jusqu'au bout la série d'actes qui met en mouvement la roue d'un bateau à vapeur. Qu'est-ce que des ordres ? Le chauffeur a-t-il donné des ordres à l'allumette ? Non. A-t-il agi sur elle par la force ? Oui. Et pourquoi n'a-t-il pas donné des ordres à l'allumette ? Et pourquoi lui-même n'a-t-il pas eu besoin d'être poussé pour agir ? Que peuvent bien être des ordres ? Est-ce une matière animale, végétale, minérale ? Auquel des soixante-cinq éléments dont sont composées les choses se rattachent-ils ?

Et maintenant si votre patience n'est pas à bout, j'essayerai de dire de quels éléments ces ordres sont composés. Il y a eu d'abord la conception qu'une certaine chose devait être faite. Il y a eu ensuite l'intention de la faire. Après cela est venue une autre conception, celle que le meilleur moyen de faire cette chose était de la commander à un homme ; puis une seconde intention, celle de donner des ordres à cet effet, le moment venu. Le but à atteindre a été fixé par la première conception et la première intention. Après cela, vient un acte de la volonté, à cet effet que, le moment étant venu, l'ordre doit être envoyé. La volonté alors fait une impression sur le cerveau, le cerveau sur les nerfs, les nerfs sur la langue, sur les dents et sur les lèvres. Cela amène une vibration de l'air dans la poitrine et dans le larynx, puis dans l'air extérieur, et cette vibration dans l'air extérieur se propage jusqu'à une oreille, qui arrête l'air comme la peau d'un tambour arrête la baguette. Cette vibration est portée au cerveau par un nerf, et là elle éveille le sentiment de l'autorité et l'intelligence du sens de ce qui est commandé.

Ceci peut sembler une bien longue description d'une chose aussi simple que des ordres donnés ; toutefois nous n'avons pas indiqué un seul élément qui n'entre dans leur composition. Et encore n'avons-nous indiqué que le premier stage du chemin parcouru par les ordres, le stage supérieur. Nous les avons vus aller de l'autorité d'où ils émanent à l'agent qui les exécute. Mais s'ils demeuraient dans sa tête, rien ne serait fait. C'est maintenant que commence le stage inférieur. De nouveau, il faut que la volonté agisse sur le cerveau, le cerveau sur les nerfs et les muscles ; alors un bras s'étend, une main prend une allumette, un frottement a lieu, une flamme jaillit, un feu est allumé, un navire est mis en mouvement.

XV

Une question se pose tout naturellement : Où réside le pouvoir de donner des ordres ? Quelle que soit la réponse faite à cette question, une chose est certaine : c'est que, depuis le moment où la première conception s'est faite dans l'esprit de l'officier jusqu'à celui où le feu a été allumé, ce pouvoir a dû se transformer deux ou trois fois. Qu'on ne s'imagine pas que ces transformations soient ou obscures ou fatigantes à suivre. Elles sont assez simples, et seront bientôt indiquées, si seulement le lecteur veut nous prêter encore son attention. Ce pouvoir a été d'abord le pouvoir de l'esprit sur son propre corps. Il est allé de la volonté aux lèvres, à travers le cerveau, les nerfs, les muscles et les os; c'est-à-dire qu'il a suivi une partie de ce que nous avons appelé le stage supérieur que les ordres ont à parcourir. Tant qu'il n'était qu'à l'état de conception, d'intention et de volonté, — état, ne l'oublions pas, d'où tout le reste procède, — c'était une force invisible, s'exerçant dans un monde invisible, dans l'esprit d'un homme; car nul ne voit, nul ne connaît les choses qui sont en l'homme si ce n'est l'esprit de l'homme qui est en lui. Cette force invisible a commencé à se manifester aussitôt qu'elle a commencé à mettre en mouvement les organes du corps. Mais dès qu'elle est arrivée aux lèvres, le corps a pris fin. A un pouce de distance, le corps n'existe plus et l'esprit n'existe pas davantage. Des lèvres de l'officier à l'oreille de son subordonné, il y a vingt mètres, je suppose. Dans cet espace, le pouvoir de l'esprit sur son propre corps ne peut rien. La volonté humaine n'a pas d'action sur le vide. Que va-t-il arriver? Le pouvoir de l'esprit sur le corps doit ici se transformer en pouvoir combiné de l'esprit et du corps sur ce qui n'est ni l'un ni l'autre, sur ce qui ne peut ni sentir, ni croître, ni entendre, ni parler, ni interroger, ni répondre; et le pouvoir de l'esprit ainsi transformé doit confier à cet air inanimé l'impression de la volonté et le soin de transporter sa détermination à travers l'espace. Ce pouvoir réuni de l'esprit et du corps envoie le *fiat* de la volonté, non seulement en dehors de l'esprit, mais en dehors du corps, de telle sorte que la pensée de l'homme agisse là où son corps n'est pas. Cela semble, à vrai dire, demander l'impossible. Rien n'est plus commun cependant que cette action que l'esprit, aidé du corps, exerce sur l'air, y écrivant les paroles choisies par la volonté, en caractères que ni l'esprit ni l'œil ne peuvent lire. Cette action ne se borne pas à transmettre les paroles ; elle en accentue aussi l'importance, au gré de l'esprit. L'air transporte ainsi un message à travers l'espace, tout comme un facteur transporte une lettre à travers la rue. Il frappe à cette porte qu'on nomme l'oreille et transmet au subordonné les ordres de son supérieur, et avec ses paroles le ton qu'il y a mis et qui marque ses sentiments.

A ce moment se produit une troisième transformation. Les *ordres* ont laissé derrière eux l'esprit et le corps du capitaine, et de plus l'air extérieur qu'ils ont traversé. Ils entrent de nouveau dans un monde invisible, celui de l'être intérieur d'un autre homme. Le pouvoir, qui était celui d'un homme sur la nature extérieure, devient celui de la nature extérieure sur un homme. Ce pouvoir fait vibrer les nerfs et le cerveau et permet à la volonté du capitaine d'éveiller l'esprit de son subordonné et de mettre en mouvement sa volonté. C'est ici véritablement une quatrième transformation. C'est le pouvoir d'une volonté sur une autre. Dans les phases précédentes, il n'y avait qu'une volonté à l'œuvre, et maintenant une volonté en fait mouvoir une autre. De nouveau reparaît le pouvoir de l'esprit sur le corps. L'allumette est bientôt dans la main du chauffeur, car la boîte d'allumettes était à son poste comme le chauffeur lui-même. Mais ici nous changeons de domaine. Supposez que le chauffeur dise à son allumette : « Il est quatre heures, et l'ordre est que tu allumes le feu! » Qu'arriverait-il? L'allumette ne ferait aucune objection, mais rien ne se ferait. Supposez qu'il ajoutât : « Je suis à mon poste, et j'ai toute autorité! » Toujours pas d'objection, mais pas d'action non plus. Supposez qu'il dît en élevant la voix : « Ce sont les ordres du mécanicien en chef! » — Rien. — « Ce sont les ordres du capitaine! » — Pas de réponse. — « N'entends-tu pas? c'est ici le vaisseau amiral; ce sont les ordres de l'amiral. » — Silence absolu. Il pourrait invoquer l'autorité du premier lord de l'Amirauté, ou celle de la reine elle-même; rien n'y ferait. Une allumette ne se soucie pas plus de l'autorité de la reine d'Angleterre que de celle du dernier mousse. Par son action silencieuse, elle dit : « J'habite de l'autre côté de la frontière. De ce côté-là les décrets émanés de l'autorité n'ont pas cours. La force seule y fait loi. » Une fois de plus, le pouvoir, mettant de côté la noble forme de l'autorité par laquelle il agit sur l'homme, doit avoir recours à la rude forme de la force mécanique. Par un mouvement de cette force, l'homme fait un frottement, le frottement éveille une force chimique endormie, et il en résulte une flamme. Supposez qu'une seconde fois le chauffeur veuille en revenir à l'autorité et qu'il dise à la flamme que l'ordre est qu'elle allume le feu; il obtiendrait juste le même résultat que tout à l'heure. Il doit transporter la flamme du point où l'allumette a été frottée à celui où le combustible attend, et il doit pour cela avoir recours à la force.

Mais pourquoi le chauffeur n'a-t-il pas besoin d'une manivelle ou d'une tige à piston pour le pousser et le forcer à agir? Pourquoi aurait-il fait un mauvais accueil à cette forme de pouvoir, tandis qu'il fait bon accueil au commandement d'une volonté dûment autorisée? C'est parce que telle est sa nature. Il est né ainsi; né pour être non un outil, mais un ouvrier; né ainsi que, lorsqu'il travaille avec des outils, sa place à côté d'eux est celle d'un maître, et que, quand il travaille avec des hommes, même avec les plus grands par le corps, par l'esprit ou par la fortune, sa place à côté d'eux n'est pas celle d'un simple outil, mais d'un collaborateur, en sorte que les mouvements de ses membres ne sont pas les mouvements d'une machine, mais les actions conscientes d'un esprit et la réponse consciente d'une volonté à une volonté. Et pourquoi l'autorité n'a-t-elle aucune prise sur l'allumette ou sur la flamme, sur l'eau, sur le piston, sur la manivelle ou sur la roue? Pourquoi la force doit-elle être employée pour les mettre en mouvement? Parce que telle est leur nature. Ils ont été ainsi faits; faits pour être outils et non ouvriers, faits de telle sorte que quand ils coopèrent avec d'autres outils, leur place est d'être contraints à travailler, et quand ils coopèrent avec des hommes, même les plus humbles, leur place est encore d'être contraints à travailler. Le rôle qui leur est assigné, c'est de déployer sur plusieurs forces et sur des mouvements sans nombre, le pouvoir qu'a la volonté de mettre en mouvement ce qui ne peut apprécier sa force et de guider ce qui ne peut apprendre ses raisons.

L'inventeur de l'allumette y a mis une grande science des choses végétales et minérales, des lois des éléments et des composés, des lois du frottement, de l'explosion, de la combustion, etc. ; mais une chose qu'il n'y a pas mise, c'est le pouvoir de reconnaître l'autorité et d'agir en conséquence sans attendre le recours à la force. Le pouvoir du capitaine peut beaucoup sur ses subordonnés ; mais une chose qu'il ne peut pas, c'est de les amener à préférer d'être conduits par la force plutôt que par une autorité légitime. Le royaume où la volonté régit les forces matérielles est complètement distinct de celui où la volonté régit la volonté, et ceci s'applique également aux modes divers d'action des deux ordres de lois sur leurs agents respectifs.

XVI

Nous avons déjà indiqué la différence qui existe entre les modes d'action des deux ordres de loi, la loi physique faisant appel à la force et la loi morale à l'autorité. Tandis que la loi physique ne peut être violée par aucun agent ni physique ni moral et que la loi morale ne peut être violée que par des agents moraux, aucune des deux ne peut être annulée. L'une de ces lois agit par la simple force d'une suprême volonté ; l'autre, quoique tirant son autorité de la même suprême volonté, agit par des volontés subordonnées, influencées par le sentiment du bien et du mal et par l'attente d'une récompense ou d'un châtiment.

C'est ici le moment de signaler l'abus qu'il y a à parler de violations de la loi physique. L'emploi d'un tel langage est toujours susceptible d'égarer, et est souvent un simple stratagème destiné à amener la confusion de la morale et des sciences physiques. Personne ne saurait comment s'y prendre pour violer une loi physique. Ce que l'on appelle violation de lois physiques, comme, par exemple, naviguer dans un vaisseau qui fait eau de toutes parts, manger une nourriture malsaine ou respirer un air empoisonné, c'est en réalité violer le précepte moral qui nous enjoint de ne pas nous faire tort à nous-mêmes. Les lois physiques régissent les passagers du navire en perdition, aussi bien que ceux du navire en bon état. Elles régissent l'homme qui mange ce qu'il sait lui être préjudiciable et celui qui respire un air vicié. Vous pouvez être négligent à l'égard des lois physiques ; vous pouvez négliger de conformer vos actions aux règles que l'expérience a déduites de leur marche connue ; vous pouvez tenter de vous révolter contre une loi physique ; mais ce n'est pas vous qui la briserez, c'est elle qui vous brisera. Elle maintiendra tranquillement sa domination et poursuivra son cours, soit sur votre cadavre, soit sur votre corps vivant. Une personne qui se jette dans un précipice est aussi complètement sous l'empire de la loi de la gravitation que celle qui est couchée sur un sofa. L'homme est brisé, mais la loi n'a pas été pour un moment privée de son contrôle. Le boulet de canon, quand il traverse l'air, est soumis à l'inviolable loi tout autant que lorsqu'il repose sur le sol. Et il en est de même pour tout le reste. Nous pouvons aller contre la nature, mais en le faisant c'est la loi morale que nous violons et nous sommes moralement coupables ; coupables de jeter un défi à la force toute-puissante, et non de frustrer une loi physique bienfaisante. La volonté peut se ruer contre la loi physique, mais elle partagera le sort de l'oiseau aveugle qui se précipite contre une paroi de granit.

XVII

Il est également incorrect, comme nous l'avons déjà dit, de parler de « modifier » les lois de la nature. Nous ne le pouvons pas plus qu'un agent de police ne peut modifier les règlements de police. Ce que l'on entend par ce mot, c'est que nous pouvons mettre en mouvement les lois de façon à modifier les effets qui eussent été produits si une ou plusieurs d'entre elles n'avaient pas été mises en mouvement. Par exemple, si la gravitation presse une certaine quantité de gaz avec la force du poids d'un demi-kilo, et, à la température de cinquante degrés Fahrenheit, la maintient dans l'espace circonscrit par un boisseau, c'est une loi qu'un tel poids de gaz n'occupe que cet espace. Mais si nous élevons la température à soixante-dix, la loi n'est pas violée ni altérée parce que cette même quantité de gaz s'étend et que son volume n'est plus égal à celui d'un boisseau. La loi, au contraire, serait violée si les choses se passaient autrement. Le volume sera toujours en raison inverse de la pression, la température étant constante. Aucun changement de température, de volume, de pression n'altère les proportions. C'est là une loi, et de celles qui s'accomplissent d'elles-mêmes et n'admettent aucune modification.

Une autre expression un peu moins inexacte est celle-ci : « Mettre deux lois en conflit. » Dans l'exemple ci-dessus, deux des lois physiques les plus évidentes sont en opposition. La gravitation, cette force de compression, resserre les gaz. La chaleur, cette force d'expansion, les dilate. Augmentez la pression sans augmenter la chaleur, et vous resserrez le gaz. Et d'un autre côté, augmentez la chaleur sans augmenter la pression, et vous dilatez le gaz. Si vous voulez vaincre la pression, augmentez la chaleur. Si vous voulez vaincre la dilatation, augmentez la pression. Un cas comme celui-ci montre bien que le mot *loi* est employé ici dans le sens de force, et que ce n'est pas deux lois, mais deux forces que nous mettons en conflit. S'il existe, comme dans cet exemple, une règle de proportion clairement établie entre les effets de deux forces, le conflit que nous établissons entre elles cesse d'être empirique pour devenir régulier.

Quand nous en viendrons à considérer le pouvoir qu'a l'homme de modifier les phénomènes, nous verrons combien on abuse des termes de violation et de modification des lois physiques pour arracher à l'âme humaine la foi en la Providence et en la prière.

Le pouvoir agissant des deux ordres de lois diffère naturellement dans ses modes d'action respectifs. La loi physique, n'impliquant pas de possibilité de conflit de volonté, agit toute seule; elle gouverne parce qu'elle est, et parce qu'elle est servie par la force irrésistible. La loi morale, d'autre part, suppose l'existence de cet ordre inférieur de lois régissant des agents inconscients, et suppose aussi, chez les agents d'un rang supérieur, auxquels elle s'adresse elle-même, le pouvoir de mettre en mouvement les agents physiques, de façon à faire le mal et à nuire; le pouvoir de manipuler les lois qui régissent les agents inférieurs, de façon à produire des effets qui n'auraient jamais résulté de l'action de ces agents eux-mêmes, poussés par leurs seules forces et obéissant à leurs propres lois. La loi morale suppose de plus, dans les agents qu'elle régit, la conscience qu'il existe une relation plus haute qu'aucun rapport d'ordre physique, une relation entre l'être inintelligent et l'être intelligent, entre le débiteur et le bienfaiteur, entre l'être dépendant et celui dont il dépend, entre l'esprit inférieur et son supérieur, entre la connaissance imparfaite et la connaissance parfaite, entre la justice relative et la justice absolue, entre la bonté finie et la bonté infinie, entre la puissance limitée et la puissance illimitée, — et, pour tout dire, la relation entre un être doué de raison et l'Auteur de son existence. Ce sentiment intime amène nécessairement à sa suite la conviction que les droits d'un tel Être — à la fois Auteur, Préservateur, Bienfaiteur et Supérieur — ont un caractère de suprématie absolue sur tous les autres droits, les nôtres et ceux de nos semblables. La loi morale s'appuie sur ce sentiment des droits de Dieu sur nous, droits antérieurs à notre naissance et fondés sur des relations immuables et sur des bienfaits sans nombre. Mais la loi morale abrite aussi les

COMMENT LES DEUX LOIS RÉGISSENT LES AGENTS

droits de nos semblables sous l'égide des droits de Dieu. Leurs droits, il est vrai, viennent au second rang, mais ils ne sauraient être séparés des siens. Nous ne pouvons faire tort à nos semblables, sans que notre acte atteigne l'autorité de Dieu. Nous insultons le Père en nuisant à l'un de ceux qui sont issus de lui, et quand au contraire nous faisons du bien à l'un de ceux-ci, le Père nous dit : Cela va bien ! Le sentiment des droits de nos frères et celui des droits de notre Père sont donc liés, et c'est à eux que la loi morale fait appel.

Il est donc entendu que nous possédons, avec le pouvoir d'agir et celui de maîtriser les agents physiques, la puissance d'en user à notre gré, soit pour le mal, soit pour le bien, et que nous pouvons, si nous le voulons, amener la ruine de l'un de nos semblables ou frapper de stérilité tel don précieux de la Providence. Aussi la loi morale fait-elle appel à notre sentiment du bien et du mal, au sentiment de la justice que nous devons à Dieu et à l'homme, et, pour tout dire d'un mot, à notre conscience. En usant de notre pouvoir, nous devons nous souvenir que nous sommes de race divine, et chercher à plaire à celui dont nous tenons toute notre puissance. Si l'homme fait le bien, en obéissant à cet appel de la loi morale, son action, qui utilise le concours d'agents inconscients, ennoblit l'agent moral qui l'a accomplie, profite à l'autre agent moral en faveur duquel elle est faite, et les maintient l'un et l'autre en bons rapports avec l'auteur commun de leur existence. A l'autre pôle de ce sentiment du bien, est le sentiment du mal; puissance mystérieuse qui plane sur les frontières de l'innocence et de la culpabilité, chassant vers le second de ces domaines celui qui est sorti du premier. Il faut à l'homme une force intérieure qui l'empêche de faire le mal, en même temps que le sentiment du juste l'invite à faire le bien. Cette force lui viendra de la conviction qu'en faisant le mal, il offense à la fois la créature et le Créateur, en blessant la première dans ses intérêts, ses sentiments et ses joies, et en blessant le second dans son autorité et dans l'amour qu'il porte aux êtres issus de lui.

De tels motifs vont au delà d'un simple sentiment juridique du bien et du mal, et s'inspirent de sentiments fondés sur les relations naturelles qui nous lient à notre Créateur et à nos semblables. C'est le sentiment intense de nos rapports avec Dieu comme Père, Vie et Joie de notre existence, et de nos rapports avec les hommes, qui lui sont aussi chers que nous pouvons l'être nous-mêmes, et qui sont de même nature que nous et ont des droits égaux aux nôtres, — c'est ce sentiment qui donne au sens du bien et du mal une énergique force vitale, et cette force fait circuler dans tout notre être l'appel de la loi morale, comme un courant qui jaillit des sources de la nature, et porte avec lui la vie partout où il pénètre.

La loi en appelle à notre amour de nous-mêmes, après en avoir appelé à notre sens du bien, et au sentiment de nos relations naturelles avec Dieu et avec l'homme. Elle nous offre des récompenses si nous obéissons, et elle nous menace de châtiments en cas de désobéissance. Ici enfin apparaît la force, sous le règne de la loi morale ; la force, non pour contraindre l'action de l'agent, mais pour maintenir l'autorité du législateur, quand elle est bravée. Cet appel à l'amour du bonheur et à la crainte du malheur est considéré à tort par quelques-uns comme un motif égoïste. Mais que serait une cité dont les habitants n'auraient ni amour du bonheur, ni crainte du malheur? Ce serait un malpropre repaire de fainéants. Que font pour leur prochain les hommes qui ne se soucient pas de leur propre bien-être? Ceux qui se sacrifient pour autrui, ce sont ceux qui ont une aptitude intense à jouir et à souffrir, et qui placent l'idéal du bonheur plus haut que leur propre bien-être. Et pour être capable de dévouement, il ne faut pas être de ceux qui attendent tout des autres.

Le véritable égoïsme, c'est tout ce qui nuit au bien-être d'autrui, et, en première ligne, l'absence de la volonté de pourvoir à ses propres besoins. Après l'amour pour Dieu, qui prime et sanctifie tout autre amour légitime, vient notre amour pour nous-même qui doit être la mesure de notre amour pour le prochain. La loi ne dit pas : Aime toi toi-même comme ton prochain, ce qui serait rabaisser le devoir ; mais elle dit : Aime ton prochain comme toi-même. Le plus grand service qu'un homme puisse rendre à sa famille, à son prochain, à l'humanité, est de se faire du bien à soi-même, dans le sens élevé de Dieu. Si son cœur et ses principes, ses affections et ses antipathies, ses compagnons et ses plaisirs, ses habitudes et ses travaux tendent tous à son bien véritable, il en résultera que ses fardeaux ne pèseront jamais sur les épaules d'autrui, tandis que ses propres épaules en aideront plusieurs à supporter les leurs. L'homme qui veille à ses affaires est une force pour ses parents, pour ses amis, et pour tous ceux qui sont en rapport avec lui. Celui qui se néglige lui-même amène sur les autres la disgrâce et la misère. Celui qui est heureux rend les autres heureux, et celui qui est misérable rend les autres misérables. Celui qui réussit en relève d'autres; celui qui ne réussit pas en fait déchoir d'autres.

Si parmi les ressorts moraux qui doivent nous éloigner du mal, celui-ci : J'offenserais Dieu! vient en première ligne, cet autre suit immédiatement : Je me dégraderais, je m'avilirais moi-même! Mais la force de ce ressort dépend de l'idée que je me fais de moi-même. Si je ne suis le fils de personne, le premier de ces ressorts est nul et le second perd beaucoup de sa valeur. Si je suis le fils d'un glorieux Père, jamais absent ni endormi, tout change aussitôt.

Les hommes se résignent aisément à rendre les autres misérables; ils se résignent plus difficilement à se rendre misérables eux-mêmes. Le criminel endurci peut descendre aussi bas; encore faut-il peut-être que le désespoir l'y pousse. La crainte est la contre-partie nécessaire de l'espérance, et partage avec elle la tâche d'affirmer l'autorité des motifs puisés dans l'avenir et de donner pour mobile à la conduite la raison plutôt que l'appétit ou l'impulsion. L'une et l'autre rattachent les sentiments humains à cette chaîne du passé, du présent et de l'avenir, à laquelle la destinée de l'homme est d'être lié. On dit que la crainte est une passion vile, comme si toute sorte de craintes avait ce caractère. Il y a des craintes viles, comme il y a des amours vils, et même des espoirs rampants. Mais qui osera dire que la crainte de manquer un bien qui peut être atteint soit un sentiment plus vil que le désir de l'atteindre, qui en est la contre-partie? La crainte de manquer un bien n'est après tout qu'une forme de la crainte d'un mal. Il serait frivole d'appeler un sentiment vil la crainte de faire le mal, la crainte d'encourir un blâme mérité, la crainte de s'attirer le déshonneur, la crainte d'offenser des bienfaiteurs, la crainte de causer du déplaisir, la crainte de ruiner quelqu'un, la crainte de se blesser, de s'empoisonner, de se noyer, etc. Ce qu'on veut dire sans doute, c'est qu'il est vil de se laisser dominer par la frayeur au point de n'être pas capable d'une action ferme, ou de se laisser influencer par la crainte au point de faire ce qui est mauvais. Mais l'on pourrait en dire autant de l'espérance et de l'amour.

Que nous pensions ou non que la crainte aurait dû ne pas entrer dans la constitution des créatures et que la souffrance aurait dû être laissée en dehors du système de l'univers, le fait est qu'il n'en a pas été ainsi. La souffrance est une redoutable réalité. La perte d'un bien possible est l'une de ses causes les plus ordinaires. La crainte est l'émotion correspondant à la souffrance, comme l'espérance correspond à la perspective d'un bien futur. L'habitude de voir dans la souffrance un mal conduit aisément à la déclarer mauvaise, sinon expressément, au moins implicitement. On se lamente beaucoup sur la souffrance, en même temps qu'on atténue le mal moral, comme si ce dernier n'était pas plus déplorable que l'autre, et comme si le système de l'univers aurait beaucoup à gagner si l'homme pouvait faire le mal sans craindre désormais la souffrance. Personne n'a encore montré comment on pourrait arriver à faire tort à quelqu'un sans lui occasionner une souffrance. L'un des inévitables effets du dommage fait à un innocent est de lui infliger une souffrance imméritée ; mais les souffrances imposées à l'auteur du dommage ne sont pas un mal, mais un bien nécessaire, sous un régime qui gouverne au moyen de libres agents, de commandements et de défenses, de récompenses et de châtiments. Si l'univers était tout gouverné mécaniquement, si tout y allait par poids, mesures, forces et mouvements réglés, la souffrance n'y aurait jamais fait son apparition ; mais on y chercherait en vain des joies. Dès que la possibilité de mal faire existait, la première expérience du mal infligeait la souffrance à l'innocent. Cette souffrance pouvait-elle être la seule ? Le coupable en serait-il affranchi ? Ne voit-on pas que les souffrances du coupable et la crainte de les encourir devenaient une partie des forces morales destinées à tenir le mal en échec, à encourager le bien et à défendre ainsi ce qu'il restait ici-bas de bonheur ? Et tandis qu'en s'attaquant à la loi physique, l'homme s'y brise, sans réussir à la violer, en s'attaquant à la loi morale, il la viole, il est vrai, mais elle se venge aussi en le brisant.

Parmi les écoles athées, les comtistes méritent cet éloge qu'ils essayent sérieusement de recommander la moralité et de la rattacher à leur système. Cette tentative démontre la force pratique de la loi chrétienne, tandis que la nouvelle base qu'ils essayent de donner aux obligations morales démontre avec force la nécessité de chercher cette base sur ce rocher : *Notre Père qui es aux cieux!* Pour remplacer l'idée de Dieu comme base naturelle et logique de tout sentiment des droits et des devoirs, Comte offre l'idée de l'humanité. On nous explique soigneusement que, par ce mot, il ne faut pas entendre les êtres, mais l'être; non des hommes individuels, au sens concret, ce qui est une conception trop basse, mais l'humanité, au sens abstrait. Qu'est-ce donc que l'humanité? Comte, dit le Dr Robinet, l'a finalement défini ainsi : « L'ensemble continu des êtres convergents [1]. » Non, je le répète, les êtres, mais la somme des êtres. N'est-ce pas là une abstraction?

Comte l'envisage bien ainsi : « Pour l'esprit positif, l'homme proprement dit n'existe pas; il ne peut exister que l'humanité »; et voici la raison de cette conclusion : «... puisque tout notre développement est dû à la société, sous quelque rapport qu'on l'envisage. Si l'idée de *société* semble encore une abstraction de notre intelligence, c'est surtout en vertu de l'ancien régime philosophique : car, à vrai dire, c'est à l'idée d'*individu* qu'appartient un tel caractère, du moins chez notre espèce [2]. » L'individu est donc, si l'on nous dit vrai, une abstraction, et l'homme proprement dit

---

1. *L'OEuvre et la Vie d'Auguste Comte*, p. 33.
2. *L'Esprit positif*, p. 74. Voy. aussi *Philosophie positive*, VI, 602.

n'existe pas. Mais la société concrète, l'Humanité, ou l'ensemble continu des êtres convergents, est destinée à remplacer les hommes à l'un des bouts de la ligne, et Dieu à l'autre. Si tout cela vous fait l'effet d'un galimatias de termes et de pensées, remarquez qu'il y a pourtant quelque méthode là dedans. L'individu doit être annihilé, afin de couper par la racine toute idée d'une vie future. Sur la page qui suit la dernière citation, Comte dit que la tendance des hommes à s'éterniser, « qui ne pouvait d'abord être satisfaite qu'à l'aide d'illusions désormais incompatibles avec notre évolution mentale », trouvera sa satisfaction dans l'Humanité collective. « Ne pouvant plus se prolonger que par l'espèce, l'individu sera ainsi entraîné à s'y incorporer le plus complètement possible. »

C'est ainsi que le positivisme remplace la loi : « Tu aimeras le Seigneur ton Dieu de tout ton cœur, et ton prochain comme toi-même. » D'abord, il n'y a plus de Dieu pour vous aimer, ni vous ni personne, et, par conséquent, vous n'avez pas de Dieu à aimer. Il faut rejeter de telles idées comme des illusions et des conceptions théologiques. Secondement, ni les hommes individuellement, ni l'Humanité, considérée comme un total abstrait, n'ont un Père. Les hommes, ne descendant pas d'un Père commun, sont des étrangers, et non des frères les uns pour les autres; vous ne leur devez pas l'amour fraternel, mais l'*altruisme*, et si vous les appelez frères, c'est par oubli de ce fait qu'il n'y a pas de Père commun. Vous devez grandement vous respecter vous-même. Mais vous n'êtes vous-même qu'un individu, c'est-à-dire une abstraction.

Vous devez grandement vous respecter, mais si je vous tue secrètement, il n'y a pas de Père pour en faire la recherche. A la place du mobile chrétien de la parenté divine, vous n'avez aucune parenté à mettre, si ce n'est celle de la force inconsciente. Au lieu du motif chrétien de la valeur infinie de l'individu, vous en arrivez à la vaporisation de l'individu. C'est à l'Humanité que vous avez à regarder comme à votre Providence. Le respect que vous vous devez à vous-même comme créature de Dieu, et que vous devez à une âme qui vaut plus qu'un monde, doit céder la place au respect dû à une particule infinitésimale de l'ensemble continu des êtres convergents, et à une âme qui n'a d'autre vie future à attendre que le souvenir que d'autres pourront lui conserver. Il est utile de citer la description donnée par le maître lui-même de l'édifice idéal qu'il veut élever sur cet étonnant fondement. Il décrit ainsi la principale conception du positivisme : « L'homme pensant sous l'inspiration de la femme, pour faire toujours concourir la synthèse et la sympathie, afin de régulariser la synergie [1]. »

Nous avons montré que les deux ordres de loi diffèrent par les agents qu'ils régissent respectivement, les lois physiques régissant des agents inconscients, et les lois morales régissant des agents conscients et responsables. Nous avons vu qu'ils diffèrent dans le genre de relation qu'ils établissent respectivement, les relations des agents inconscients étant invariables en toute circonstance et correspondant strictement à la

1. *Catéchisme positiviste*, 2ᵉ édit., p. 24.

loi ; mais les relations des agents responsables étant non invariables, mais normales, et pouvant être en désaccord avec la loi et la braver, en ajoutant toutefois qu'il n'y a de bonheur que dans l'accord avec la loi. Nous avons vu encore que les deux ordres de loi diffèrent dans la manière dont chacun d'eux agit respectivement ; les rapports des agents inconscients étant imposés par la force irrésistible, et les rapports des agents responsables étant imposés par une autorité suprême, qui s'exprime par commandements et défenses, avec la sanction de récompenses et de châtiments, et qui fait appel à la conscience du bien et du mal qui est en l'homme, au sentiment de sa parenté divine, à l'espoir du bien et à la crainte du mal. Comme dans le monde physique, la force de compression ou la gravitation, et la force de dilatation ou la chaleur sont des forces auxquelles les autres sont subordonnées, et qui sont elles-mêmes maintenues en équilibre par un Pouvoir invisible ; ainsi, dans le monde moral, la force répressive ou la crainte du mal, et la force impulsive ou l'espérance du bien, président à l'action de tous les sentiments et de toutes les passions, étant elles-mêmes maintenues d'accord par Celui qui est le centre vivant de tout pouvoir capable d'inspirer la crainte et de toute plénitude pouvant stimuler l'espérance. Et comme, dans le monde physique, l'œil, ce sens révélateur, confronte monde avec monde, être avec être, instrument avec agent, et cela grâce à la lumière qui lui vient d'en haut ; ainsi, dans le monde moral, la conscience confronte le père avec l'enfant, le frère avec le frère, et cela en recevant les clartés révélatrices de l'Esprit de Dieu, la lumière qui émane de sa bonté et qui nous apporte la vie. Le sentiment de l'autorité légitime et celui du devoir sont tous deux les formes de cette conscience du bien et du mal.

Il nous reste maintenant, dans nos deux dernières sections, à considérer, en premier lieu, comment l'action combinée des deux ordres de lois, produisant, comme elle le fait, un système d'agents libres et d'instruments fixes, confère aux agents libres le pouvoir de modifier les phénomènes, même en vertu de lois inflexibles ; et à voir, en second lieu, quels sont les antécédents que présuppose nécessairement l'existence de deux ordres de lois et leur coordination en un système qui fonctionne sous nos yeux.

CINQUIÈME PARTIE

L'ACTION COMBINÉE DES DEUX ORDRES DE LOIS ET LE POUVOIR DE L'HOMME DE MODIFIER LES PHÉNOMÈNES

L'uniformité n'existe parmi les phénomènes qu'aussi longtemps qu'ils restent placés uniquement sous l'action de la loi physique. Mais l'uniformité cesse là où commence l'action des agents doués de vie. Là où nulle conscience ne demande ce qui est juste, là où nul jugement ne pèse la valeur respective de deux conduites à tenir, là où aucun goût ne choisit, là où aucune volonté ne fait agir, là coule toujours semblable à lui-même le courant silencieux de la succession, et celui qui connaît sa loi peut dire à l'avance son cours futur. Mais nous verrons que l'uniformité cesse dès qu'intervient l'un de ces éléments, ou même une force bien inférieure à celle-là, celle de la vie végétale, par exemple.

I

Dans une section précédente, il a été dit qu'une loi physique peut régir également le soleil, un astéroïde, une comète, les espaces célestes et un bloc de granit. Sauf dans ce dernier cas, on peut compter sur la non-intervention de volitions. On pourra donc prédire, à coup sûr, les phénomènes qui se produiront dans ces milieux. Une semblable fixité peut-elle se trouver dans une sphère comme la nôtre? c'est là une question qui ne dépend pas de nos préférences, et que l'on ne saurait résoudre par voie d'analogie. Une chose est évidente, c'est que si les quelques phénomènes de l'existence des corps célestes que nous connaissons sont uniformes, ce sont ceux seulement sur lesquels n'agit pas l'action d'agents finis doués de volonté, ni même celle de forces animales ou végétales.

Un astronome n'a pas de peine à répondre si on lui demande où sera telle étoile dans dix ans, et dans quelle direction elle marchera. Mais un géologue serait plus embarrassé si on lui demandait : « Où sera ce bloc de granit dans dix ans, et que fera-t-il ? » Ne peut-il pas calculer l'action des lois physiques sur ce bloc, celle de la gravitation, celle des vents? A supposer qu'il le puisse, est-ce là tout? Ne trouvera-t-il pas que la force de résistance du granit est soumise à la force plus subtile de la volonté? Le fait est que nul ne peut dire ce que sera le bloc dans dix ans. Il n'est pas en effet sous la garde des seules lois physiques. La volonté d'un ingénieur peut intervenir et en faire la clef de voûte d'un pont. La volonté d'un riche peut intervenir et en faire une colonne dans un vestibule. La volonté d'un marguillier peut intervenir et en tirer des fonts baptismaux. La volonté d'un conseil municipal peut intervenir, et en tirer des pavés, de sorte que, dans dix ans, la plus grande partie de ce bloc aura été convertie en boue des rues, et ce qui en restera sera tous les jours foulé aux pieds des hommes, des animaux et des oiseaux, chacun desquels en modifiera les phénomènes, au gré de sa chétive volonté.

On confond habituellement les agents inconscients et les agents naturels, la loi physique et la loi naturelle. Mais les oiseaux, les animaux et les hommes font aussi partie de la nature, et la loi d'après laquelle la pierre peut être brisée ou foulée aux pieds par eux est autant une loi de la nature que celle d'après laquelle les couches de granit se trouvent au-dessous du grès. Mais si les oiseaux, les animaux et les hommes sont des agents naturels, tout ce que l'on dit sur l'invariabilité de l'action des agents naturels est absolument non scientifique. Cela ne s'applique qu'aux agents composés de matière inorganique; car nous verrons bientôt que l'on oublie dans ces généralisations hâtives le monde végétal, aussi bien que ceux qui sont au-dessus. Toutefois, pas plus les animaux que les hommes n'appartiennent à cet ordre d'agents dont les phénomènes s'accomplissent d'eux-mêmes, avec l'ordre inflexible de la loi physique et sans être contrariés par aucune volition. Ce sont des agents dont la nature est telle que, partout où ils interviennent comme facteurs, le cours silencieux et assuré de la succession physique est arrêté, le temps de la prédiction certaine est passé, l'écluse est ouverte aux probabilités, et les corps sans vie se trouvent en face de plusieurs ordres d'agents, tout aussi naturels qu'eux, et dont chaque ordre obéit à un groupe de lois qui lui est spécial, lois indépendantes des lois purement physiques, absolument inaccessibles, ou, si vous préférez, « inconnaissables » à tous les agents physiques. Ces lois toutefois autorisent ces ordres d'agents, chacun selon son rang et la place qu'il occupe sur l'échelle des êtres, à intervenir dans les opérations de la loi purement physique, et à modifier ainsi les phénomènes. Bien loin que ce soit un fait admis que les phénomènes ne peuvent pas être modifiés par les volontés, cette assertion serait indigne d'occuper un instant l'attention, si elle ne servait à faire une œuvre moralement nuisible. La vérité évidente est que la chaîne des événements, telle qu'elle se déroulerait en l'absence de volontés, peut être modifiée, et en fait l'est souvent, par l'intervention d'une ou plusieurs de ces volontés, dont l'expérience nous a appris l'existence, depuis la volonté étroitement limitée du ver de terre jusqu'à la volonté de l'homme, incommensurablement plus libre et plus puissante, mais encore grandement limitée.

II

En fait, l'uniformité invariable des phénomènes cesse avant que nous soyons arrivés aussi haut que le ver dans l'échelle de la création. La ligne frontière entre l'uniforme et le variable dans les phénomènes passe au point où commence la vie végétale. Nous ne connaissons de certitude morte que pour les choses mortes. La vie végétale, qui est placée entre la sphère de la volonté et celle des mouvements privés de vie, affirme de toutes parts sa puissance, limitée, mais évidente, d'intervenir dans le cours des successions telles qu'elles se produiraient en son absence. Là où n'existe aucune vie végétale, vous pouvez prédire l'avenir de la terre et des pierres. Mais dès qu'une plante croît dans leur voisinage, leur avenir dépend en partie du sien. Leur condition variera, soit qu'elle prospère, soit qu'elle meure. Le cours des phénomènes qui se passent à l'intérieur de la plante elle-même ne peut pas être prédit avec une certitude mécanique ou chimique. Portera-t-elle du fruit? Cela peut dépendre du vent, de la gelée, d'un enfant, d'un insecte, d'un jardinier. Le fruit sera-t-il doux, ou seulement à moitié mûr? Cela dépendra de l'équilibre qui pourra s'établir entre l'action de ce monde et celle d'un monde éloigné; car ce n'est pas vers les foyers de la terre que la plante étend ses mains pour leur demander la chaleur. Toute vie vient se réchauffer au grand foyer des cieux. Et si la terre et les cieux ne travaillaient pas ensemble en faveur de la plante, son fruit ne réjouirait jamais le cœur de l'homme.

Mais l'un des caractères de la plante, c'est qu'elle ne tient pas ses destinées dans ses mains. Elles dépendent largement de puissances plus hautes qu'elle et qui sont pour elle invisibles, inaccessibles, inconnaissables, incompréhensibles. Il existe des êtres de la terre, des êtres de l'eau, des êtres de l'air, possédant des attributs inconnus à la plante, tels que la vue, la locomotion, l'odorat, et d'autres semblables, et qui ont même quelques facultés transcendantales, nommées pensée et volonté. Ces êtres mystérieux forment comme une longue hiérarchie qui monte jusqu'à l'être qui en est le chef puissant, lequel peut couper la plante ou la planter à son gré, la rafraîchir quand elle languit, la supporter quand elle est faible, la brûler quand elle est desséchée ; qui peut encore extirper la plante indigène et acclimater la plante exotique, vouer à la destruction des forêts entières et en faire croître de nouvelles ailleurs.

Non seulement l'homme a ce redoutable pouvoir en lui-même, mais il semble répandre au loin autour de lui une ombre mystérieuse de commandement. Les métaux, les pierres, les rivières, le feu obéissent à sa volonté, en faveur de la plante ou contre elle. Si celle-ci était douée de raison, elle pourrait croire que ce qu'on appelle les lois de la nature ne sont que les agents dociles de ce haut et puissant seigneur, qui a à son commandement toutes sortes de moyens merveilleux, soit pour détruire la plante, soit pour lui fournir la nourriture qui lui convient.

Mais dans cette action de l'homme sur la plante, il reste des choses plus mystérieuses encore. Il fournit à ses plantes favorites des provisions spéciales de lumière et de chaleur, qui lui viennent du soleil et qu'il emmagasine soigneusement, afin de garder ses protégées florissantes à l'abri du froid, tandis que d'autres sentent cruellement les atteintes de l'hiver, même au point d'en mourir. Et cet abri qu'il leur prépare contre le froid, il le fait avec du verre, et ce verre il le fabrique avec du sable, qui n'est autre chose que de la pierre finement broyée. Et ainsi, en ressuscitant la poussière des roches mortes, par une intervention qui change le cours naturel des choses, il donne l'existence à un corps nouveau, à l'abri duquel la plante pourra braver les intempéries.

En supposant que le monde des plantes fût doué de raison, on pourrait bien s'y demander s'il est admissible que l'homme ait ainsi la faculté d'intervenir dans les lois de la nature, et de troubler la marche régulière des phénomènes, et s'il n'est pas permis, après tout, de mettre en doute l'existence de cet être appelé l'homme.

III

Qu'on me permette de m'introduire pour un instant sous l'écorce d'un chêne agnostique. Voici comment je raisonnerais. Cet être prétendu, l'homme, n'est jamais entré dans le cercle de mes perceptions, ni de celles des générations de nobles arbres qui m'ont précédé. Il est pour nous invisible, inaccessible, inconnu. Son existence ne peut donc être admise; en vérité, c'est une supposition trop vague pour être même niée. Pourquoi se donner la peine de prouver une chose négative? On sait que les lois des phénomènes ne peuvent être modifiées par aucune volition naturelle ou surnaturelle. Ce seraient des volitions surnaturelles, si l'on pouvait en admettre de telles, que celles qui s'élèveraient au-dessus de la nature des plantes. Les pouvoirs légendaires attribués à l'homme, et en particulier son pouvoir prétendu sur la vie intérieure, sur les sucs et les tissus des plantes, pouvoir qui agirait, suivant l'hypothèse admise, tant par la force de sa propre volonté qu'à l'aide d'agents supra-terrestres, impliquerait l'idée qu'il aurait à son commandement des groupes entiers de lois. Mais cela ne peut être. L'homme n'est pas une réalité; il n'est qu'une fiction théologique, une croyance excusable dans l'enfance du règne végétal et qui avait même quelque utilité, mais qu'il faut aujourd'hui mettre de côté comme indigne de l'entendement végétal parvenu à sa maturité.

Toujours dans la supposition que je suis un vénérable chêne agnostique, je continuerais à raisonner de la sorte : Toutes les conceptions de l'esprit végétal traversent trois phases de développements, la phase zoologique, la phase météorologique et la phase botanique. Dans la première, ou phase zoologique, on croyait que les conditions végétales étaient régies par des êtres animés, ou, en d'autres termes, par des êtres surnaturels. On attribuait les phénomènes à leur action. Si les fleurs étaient fertilisées par le pollen d'une plante transporté sur une autre à travers l'espace, on disait que c'étaient les dieux de cette plante qui l'avaient fait. Si les racines étaient engraissées par des dépôts fertilisants, c'était encore l'action des dieux. Si la nature du fruit était changée par le transfert d'une branche sur une autre tige, on l'attribuait toujours aux dieux ; et c'est ainsi que, dans leurs idées grossières, ces générations sans culture attribuaient les phénomènes naturels à des pouvoirs supérieurs imaginés par eux.

Dans la seconde phase, les plantes cessèrent d'expliquer ainsi les phénomènes, et les attribuèrent à des causes météorologiques. Elles crurent que l'existence dépendait de puissances cachées, mais non douées de volontés capricieuses comme les dieux de l'âge précédent; ces pouvoirs rationnels, sans intelligence ni volonté, se nommaient l'air, l'eau, la chaleur, l'éclair, etc. C'étaient désormais les météores qui étaient responsables des destinées des plantes. Ce fut un âge de transition. Le temps est venu où l'intelligence émancipée des plantes est enfin arrivée à la phase botanique. Désormais tous les mystères s'évanouissent. Les origines et les méthodes apparaissent en pleine lumière. Tout était explicable, et tout est expliqué. On a maintenant reconnu que la vie végétale provient de la matière qui revêt la forme d'une cellule globulaire, que cette cellule contient en parfait équilibre tous ses éléments constitutifs, et de plus, qu'elle contient toutes les possibilités infiniment fécondes de croissance. La croissance explique tout et ramène tous les phénomènes à la catégorie intelligible des opérations naturelles. La croissance rend compte de la circulation des sucs, de la réticulation des fibres, de l'action respiratoire, de l'absorption et de l'exhalaison, de l'efflorescence, de la fécondation, de la synergie synthétique de l'organe et de ce qui l'environne, de l'action coordonnée de l'organe et de la fonction, du développement épigénésique et de la syngénésie carpogénéthliaque des sexes, avec d'autres phénomènes de la hiérarchie botanique.

Sans doute que si j'étais arbre, j'emploierais d'autres modes de raisonnement. Mais une fois parvenu dans ces hautes régions de la phase supérieure, il faudrait bien avoir recours à une forte infusion de mots latins et grecs, comme je viens de le faire, dût la clarté du langage en souffrir.

Pour en revenir de la raison végétale à la raison humaine, j'estime qu'un raisonnement, qui se refuse à prêter la moindre attention aux origines et aux fins et ne veut s'occuper que de l'entre-deux, a beau, sous prétexte de faire de la lumière, emprunter de grands mots aux langues mortes, ce n'est pas là une argumentation digne d'un homme sérieux. Ce raisonnement peut faire quelque effet sur ceux qui ne sont guère versés ni dans les règles du raisonnement, ni dans l'usage de langues autres que la leur. Mais pour ceux qui le sont, ce mode de raisonner n'est que comme un peu de fumée, à moins cependant qu'ils ne soient fortement prévenus.

IV

Après avoir vu comment, dans le monde végétal, les phénomènes peuvent être modifiés par l'intervention des hommes ou des animaux, nous pouvons considérer comment, à leur tour, les phénomènes des autres règnes de la nature peuvent être modifiés par les végétaux eux-mêmes. Ils modifient la somme de lumière qui peut arriver sur une surface donnée, et, par suite, la quantié de chaleur. Ils modifient la qualité de l'air et celle de l'eau. Ils modifient la chute des pluies et la direction des vents. Ils modifient la condition des animaux. Celle de l'homme est profondément modifiée par les végétaux, qui lui fournissent de la nourriture, des médecines, et même des poisons. Ils forment une grande partie de ses vêtements, depuis les tissus grossiers des sauvages des mers du Sud jusqu'aux riches étoffes de cour. Ils servent à la construction de la demeure de l'homme, soit partiellement, soit même exclusivement. En dehors de ces sphères d'utilité directe, ils offrent à l'art de nobles suggestions, de magnifiques formes et des sujets d'une perpétuelle fraîcheur et d'une beauté qui semblent grandir, à mesure que l'esprit grandit lui-même dans la faculté de sentir le beau.

Il est très correct de dire qu'il n'est aucune de ces modifications que nous ne pussions prédire, si nous connaissions toutes les conditions qui les précèdent. Mais c'est là un de ces dires qui, après vous avoir fait quelque effet la première fois qu'on les entend, perdent beaucoup de leur apparente importance quand on les examine de près. Cela revient à dire que, si nous connaissions les causes qui agiront à un moment donné, nous connaîtrions aussi les effets qui suivront l'instant d'après. Pour le dire en passant, je n'accepte pas qu'on brouille ainsi les causes et les conditions. Les conditions peuvent être des causes, mais elles ne le sont pas généralement. Il est certain que, pour ce qui est des plantes, nous ne pouvons prévoir, même pour un seul mois, toutes les conditions dans lesquelles se trouveront placés un verger, une platebande de fraisiers, un chantier de bois de construction ou une récolte de varech. Moins encore pouvons-nous prévoir telle influence qui peut intervenir et modifier les conditions existantes, au point de leur faire produire ici tel effet et là un effet diamétralement opposé. Ces influences seront des forces physiques, comme les vents, la température, des inondations ou des incendies de prairies; ou bien des forces animales, depuis l'action des insectes jusqu'aux ravages causés par les chasseurs et leurs meutes; ou encore des forces purement humaines armées de la hache, de la charrue et de mille autres auxiliaires. Quand donc, en présence de toutes ces influences, qui font partie aussi du domaine de la nature, Stuart Mill, ou quelque autre, parle de la possibilité abstraite d'émettre une prédiction infaillible, il s'aventure dans les régions des systèmes qui pourraient exister, en dédaignant le terrain solide des systèmes qui existent, et qui peuvent être observés.

Le clair résultat de l'observation, c'est que notre aptitude à prédire avec une certitude absolue cesse au point précis où commencent à s'entre-croiser l'action des agents privés de vie et celle des corps doués d'une vie même simplement végétale. En fait, l'uniformité, qui nous permettrait d'annoncer à l'avance les phénomènes, cesse dès que nous touchons à l'eau courante et à l'air mobile. Si, dans ce domaine, tout se meut, pour un esprit supérieur au nôtre, d'un pas mesuré, pour nous la contingence tremble dans chaque nuage qui passe et murmure dans chaque brise qui souffle.

V

Il suffit de s'élever du temps et des plantes à la vie des insectes pour s'apercevoir que, quand on parle à satiété de l'uniformité des phénomènes et de la possibilité de les prévoir, c'est de la constance des agents physiques qu'il s'agit. Les insectes, dans leur faiblesse, nous apprennent que c'est une chose de savoir ce qui adviendra de corps sans vie, laissés à leurs propres lois, et que c'en est une autre de savoir ce qui adviendra de ces mêmes corps, quand ces lois seront mises en mouvement par des agents animés.

Tel qui pourrait aisément calculer avec quel pouvoir lumineux les rayons du soleil frapperont demain à midi sur une certaine plaine de l'Arabie, sait aussi que ce pouvoir lumineux sera considérablement affaibli si un vol de sauterelles s'interpose entre le soleil et cette plaine. Et ce phénomène est pourtant naturel! Un misérable insecte a la puissance de s'interposer entre le ciel et la terre.

Pour revenir en Europe, vous pourriez voir dans les plaines du Languedoc de nombreux districts où naguère le produit des vignobles apportait l'abondance aux habitants, mais où aujourd'hui l'époque de la vendange est un temps de tristesse. Le soleil, les vents, la pluie, le sol n'ont pas changé; l'homme est plus habile et plus ardent au travail que jamais; tout semblerait promettre un accroissement du produit annuel, si un agent inconnu n'avait fait son apparition. Un insecte microscopique est survenu, rendant vaine la prévoyance de l'homme, et beaucoup d'agriculteurs, naguère prospères, ont dû s'en aller au loin à la recherche de leur pain quotidien.

En Irlande, c'est un autre insecte qui entre en scène, et aussitôt, dans toutes sortes de sphères, chimiques ou mécaniques, dans le commerce, dans la politique, dans l'hygiène, se produisent, l'une après l'autre, de nombreuses modifications de phénomènes, dont l'écho se répercute au loin. Les récoltes, l'aspect de la contrée, l'atmosphère devenue insalubre, le va-et-vient des navires, l'état des marchés, les délibérations des comités, l'encombrement des hôpitaux, la désolation dans des milliers d'âmes, le deuil dans les familles, les glas presque ininterrompus, les cimetières regorgeants, — tous ces phénomènes se sont précipités sur l'humanité, y amenant des modifications incalculables. Tout cela est résulté, non d'une violation des lois physiques, mais de ce que ces lois ont été mises en mouvement par un agent dont les méthodes et les forces avaient été jusqu'ici des facteurs inconnus dans les affaires de la nation.

VI

Quiconque essayera de se rendre compte des méthodes d'après lesquelles les agents de divers ordres modifient les phénomènes, se trouvera fréquemment en présence de ce fait; c'est que tandis que, dans chaque ordre, un agent modifie les phénomènes à sa manière et qu'il est assez facile de prévoir les effets qu'il produira, si rien ne gêne son action, il n'en résulte nullement que les mêmes effets se produisent, si d'autres agents interviennent. La terre végétale ne se comporte pas de la même façon si aucune semence n'y pénètre ou si l'on y sème du gazon. Le gazon est autre si aucun animal n'en approche, autre si des oies le broutent, autre si des brebis y paissent, autre si des chevaux y sont mis au vert. Le pollen d'une fleur ne donnera pas les mêmes résultats, s'il est laissé sur la fleur ou s'il est transporté sur une autre par un insecte. Un troupeau de moutons se conduira différemment selon qu'il sera laissé à lui-même ou placé sous les soins d'un chien de berger.

Une chaîne de coordination court tout au travers de la nature, des rangs les plus humbles aux plus élevés, chaque classe d'agents en ayant une autre au-dessous d'elle et une autre au-dessus, et tous, subordonnés ou supérieurs, coopérant ensemble comme des portions d'un système réglé, complexe, mais ayant un caractère marqué d'unité. Cette subordination d'un agent à un autre affecte l'uniformité des phénomènes et multiplie les contingences qui peuvent changer de simples conditions en causes accessoires, attendu que le mode d'action spécial à chaque agent affecte, à sa manière, les résultats. Ceux qui sont résolus à faire passer sur toutes choses le rouleau de lois « invariables » peuvent à leur aise éliminer de leur philosophie tout ce vaste système d'actions coordonnées. Il n'en

ACTION COMBINÉE DES DEUX ORDRES DE LOIS 155

subsiste pas moins; et chaque agent, depuis l'insecte jusqu'au haut de l'échelle, a sa sphère d'action déterminée, son fonctionnement coordonné de lois physiques, intellectuelles et sociales, et, dans une mesure fixe, le pouvoir d'intervenir dans les phénomènes de la nature, d'abord en soi-même, puis au dehors. Et ce pouvoir d'intervention fait tout autant partie de la nature que l'enchaînement le plus absolu de causes et d'effets régi par la loi physique.

Nul doute ne s'élèvera jamais sur ces deux points essentiels : d'abord, aucun agent physique laissé à lui-même ne changera, et, en second lieu, s'il subit quelque intervention du dehors, il se modifiera d'après des règles et des mesures régulières. Mais ces deux certitudes sont l'échiquier sur lequel s'effectuent bien des changements imprévus. Elles laissent en suspens bien des questions grosses de possibilités. Quel nouvel agent interviendra le premier dans l'action de celui-ci? Agira-t-il seul ou avec d'autres? sera-t-il purement physique, ou organisé, ou animé? s'il est animé, aura-t-il peu ou beaucoup de sagacité? quand l'intervention aura-t-elle lieu? avec quelle puissance agira-t-elle? combien durera-t-elle? et ainsi de suite pour de longues séries de possibilités nullement chimériques. Parmi ces questions, il en est auxquelles nous pouvons répondre avec quelque certitude, d'autres avec beaucoup d'incertitude; à d'autres enfin nous ne pouvons faire aucune réponse. Nous voudrions pouvoir tout prédire, ce qui revient à dire que nous supprimerions volontiers tous les agents libres, depuis l'abeille dans sa sphère jusqu'à la volonté humaine. Si nous pouvions prévoir toutes les conditions, nous pourrions prédire les résultats, ce qui revient à dire que nous prédirions les effets si nous pouvions prévoir toutes les causes ; car en parlant de toutes les conditions, nous y incluons cette force d'action sans laquelle les conditions n'aboutiraient pas à des effets. Mais puisque la supposition de ce qui arriverait ou de ce qui n'arriverait pas, si le système de la nature était autre qu'il n'est, ne peut nous mener à rien, laissons-la de côté, et plaçons-nous humblement sur le ferme terrain qui est sous nos pieds, je veux dire la fixité des lois et la flexibilité des phénomènes.

VII

L'homme tient la première place sur la terre, à la tête des agents capables d'une action coordonnée. La faculté qu'il possède de modifier les phénomènes est considérable, mais strictement limitée. Cette limitation existe même en ce qui concerne sa propre personne. Il ne peut déterminer la couleur de ses cheveux, sa stature, sa force, sa beauté, la qualité de sa voix ou la forme de son sourcil. En dehors de sa personne, son pouvoir se heurte à de semblables limitations. Il ne peut altérer un élément dans la nature, ni en combiner un avec un autre, sauf dans des proportions préétablies. Il ne peut communiquer à un composé d'autres qualités que celles qui sont connues de ceux qui savent la nature de ce composé. Il ne peut pas changer des corps inorganiques en corps organiques. Il ne peut pas, en faisant subir le même traitement à deux corps organiques, les amener à produire les mêmes effets ; par exemple, il ne peut pas faire que la même nutrition produise la même sève dans un rosier et dans une bruyère, et il ne peut pas faire que l'alimentation qui produit chez la brebis la laine et la viande de mouton donne le même résultat pour le bœuf. Il ne peut pas donner à un animal les organes qu'il n'a pas, ni aux organes qu'il a des fonctions qui ne lui sont pas naturelles. Il ne peut pas faire fonctionner les organes dans un élément qui n'est pas le leur. Des poumons ne peuvent pas, à ses ordres, respirer dans l'élément qui convient aux branchies des poissons, et des nageoires servir dans l'élément où se meuvent les ailes des oiseaux. Il ne peut pas couvrir de plumes son chien, ni donner à son coq le flair de l'aigle.

Si tout cela était laissé à la volonté de l'homme, ou, pour mieux dire, à son caprice, nos relations avec l'univers extérieur, variant à chaque moment et d'un lieu à l'autre, deviendraient bientôt le plus embrouillé des écheveaux. Il est également évident que, si cet univers était livré à un certain nombre de volontés indépendantes et pouvant même entrer en conflit, se mouvant dans une sphère aussi supérieure à la nôtre que la nôtre l'est à celle des plantes et des animaux, il n'y aurait plus d'unité, mais une lutte incessante pour la suprématie entre des pouvoirs rivaux. Mais toute idée de divinités qui se partageraient le gouvernement du monde a disparu devant la grande et bienfaisante unité, qui assure la sécurité de ce monde.

Il faut choisir entre deux suppositions : ou bien toutes ces lois existent, se correspondent, coopèrent, et sont suivies d'effets certains, sans qu'une intelligence soit intervenue pour les établir, les mettre d'accord entre elles et les investir de sa puissance ; ou bien, au contraire, elles ont été au commencement établies par un esprit tout-puissant, adaptées aux agents qu'elles régissent, coordonnées entre elles, et associées à une puissance effective par une volonté immuable. Je déclare que, s"il se rencontre une intelligence saine, capable de regarder les faits en face et de se ranger ensuite résolument du côté de la première de ces hypothèses, je renonce à m'expliquer sa façon de raisonner et sa manière de comprendre les enseignements de l'expérience. Je comprends mieux l'homme qui écarte cette question comme insoluble. Mais si la seconde hypothèse est vraie, nous avons dans la loi physique une base fixe pour tous les phénomènes changeants qui résultent de la combinaison de lois et d'agents intellectuels et moraux, en un système vivant, dont les lois et les agents physiques sont le squelette. Les os de ce squelette sont rigides, ce qui en fait pour nous un appui résistant ; mais ils sont couverts d'un ample revêtement de tissus mobiles, doués de forces tout ensemble subtiles et puissantes.

VIII

La subordination de l'agent à l'agent change de forme quand nous arrivons à la sphère humaine. La vie végétale peut utiliser les forces minérales si elles sont à sa portée, mais elle ne peut pas les y amener. Les animaux peuvent utiliser des ressources végétales et minérales, mais ils ne peuvent les multiplier ; ils ne savent ni cultiver les unes, ni manufacturer les autres ; les quelques exemples que l'on pourrait citer en sens contraire sont des exceptions très limitées qui ne font que justifier la règle. Les animaux peuvent aussi attendre d'autres animaux leur subsistance, mais ne peuvent pas les apprivoiser et les gouverner. Encore ici les rares exemples d'animaux réduits en esclavage par d'autres ne servent qu'à rendre plus évidente la règle générale. L'homme peut franchir les distances en se faisant des sortes de membres artificiels, et ainsi mouvoir et rapprocher ce qui se trouve à l'autre extrémité du monde. Il ne peut traverser l'Océan à la nage, mais il peut faire nager pour lui le bois et le fer, et les obliger à le transporter à travers les flots. Il ne peut pas traverser quinze lieues à l'heure ; mais il peut faire une machine en fer et des voitures en bois qui le portent avec cette vitesse. Il ne peut pas couper un chêne en deux, mais il peut obliger l'acier à le faire pour lui. Il ne peut pas voler pour prendre les oiseaux, mais il peut faire voler le plomb à sa place. Il ne peut pas descendre dans la mer pour y capturer des poissons, mais il peut faire des filets qui y vont pour lui. Et non seulement l'espace est ainsi à sa disposition, mais il peut anticiper sur les temps et sur les saisons, arrangeant le jour ce qui doit agir la nuit, et la nuit ce qui doit agir le jour. Il peut prévoir les mouvements des poissons, des oiseaux et des animaux sauvages, et, dans cette prévision, préparer des plans qui ne se réaliseront que six mois plus tard, des plans qui, conçus dans les ports de l'Angleterre ou de l'Amérique, se réaliseront dans les mers arctiques ou dans les mers du Sud. Il a ainsi pouvoir sur la matière inorganique, pour en faire l'instrument de sa domination, sur les organismes végétaux et sur la vie animale. Il réunit dans sa main les forces mécaniques des corps inorganiques, les forces mécaniques et vitales des plantes, et les forces mécaniques, vitales et mentales des animaux. Il lui arrive d'unir toutes ces forces dans une magnifique coopération. Voici, par exemple, un éléphant chargé d'un canon; nous avons là réunis du métal, du bois, de la mécanique animale et de la sagacité animale, coordonnés pour un même but; la matière minérale conservant ses qualités mortes, la matière végétale ses qualités organiques, et l'animal ses qualités de mouvement propre et de direction propre, excepté toutefois en ce qui regarde la direction supérieure qu'il reçoit de son conducteur et qu'il lui abandonne, en ayant conscience de la supériorité de celui-ci. C'est cette reconnaissance d'un pouvoir supérieur qui fait de la souveraineté sur les forces matérielles de ce monde l'attribut de l'être en qui réside la plus haute sagesse qui soit ici-bas.

L'homme ne s'en tient pas aux choses qu'il a sous la main. Dans un moulin à vent, il combine les mouvements spontanés de l'air, employés comme force motrice, avec des éléments empruntés aux règnes animal, végétal et minéral. L'eau lui sert au même usage. Il va chercher dans les entrailles de la terre cette houille, dans laquelle, depuis les âges reculés du monde, la chaleur solaire a été emmagasinée, et cette chaleur, ressuscitée après un long sommeil, devient pour lui le plus puissant de ses auxiliaires pour assujettir la matière à la domination de l'esprit. En même temps qu'il régit ainsi les divers ordres de forces terrestres qui sont à son commandement, il emploie aussi des forces émanées du soleil avant que l'homme existât sur la terre. Il ne peut pas rappeler à la vie les rayons solaires qui brillèrent sur la matière morte, mais seulement ceux qui furent absorbés par la matière vivante, et ainsi conservés pour servir à l'homme dans un lointain avenir.

L'homme ne se borne pas à utiliser les forces de divers genres qui relèvent de sa souveraineté. Il apprivoise et associe à son service des animaux de diverses sortes, et en utilise d'autres tout en respectant leur liberté, condition essentielle de leur utilité. Tandis que la brebis, le bœuf, le chameau, le cheval, l'éléphant, le chien et certains oiseaux de l'air et des eaux sont employés à un service régulier, les animaux sauvages, les oiseaux sauvages et les poissons servent à l'homme comme une réserve de provisions excellentes où il puise au moment du besoin. L'un des plus anciens récits qui existent nous décrit les possessions d'un homme, en des termes qui montrent la différence profonde qui sépare la puissance d'une espèce animale sur une autre, et celle que l'homme exerce sur toutes. Ce texte ne pourrait pas s'appliquer au lion, au tigre, à l'éléphant, à l'aigle ou à la baleine, qui peuvent bien réduire en captivité, détruire et dévorer, mais non assujettir, apprivoiser, gouverner et protéger. « Il possédait, est-il dit de Job, sept mille brebis, trois mille chameaux, cinq cents couples de bœufs et cinq cents ânesses. » Quelle masse imposante de forces mécaniques, organiques, animales, et même mentales était ainsi placée sous le contrôle d'une volonté humaine! Le pouvoir dirigeant de l'intelligence humaine régnant sur ces immenses troupeaux leur donnait leur unité, et leur communiquait l'impulsion adaptée aux aptitudes de chacun; et toutes les forces, mentales, vitales et mécaniques, suivaient cette impulsion.

IX

Nous pouvons remarquer, dans les diverses provinces de la nature, une tendance constante, chez les créatures de tout ordre, à regarder à quelque chose de plus haut et de plus grand qu'elles, comme si elles existaient pour ce quelque chose tout autant que pour elles-mêmes. Les roches n'ont aucune propriété plus remarquable que leur tendance à devenir des terres. Les terres, après tout ce que le chimiste et le géologue ont pu dire relativement à leur composition, sont surtout remarquables par leur anticipation d'un ordre d'existence supérieure et par leur mystérieuse adaptation à nourrir les plantes. L'herbe, si merveilleuse en elle-même et dans ses rapports avec les choses inférieures à elle, est surtout merveilleuse dans son anticipation de la vie animale et dans son adaptation à la nutrition des animaux. Les animaux, merveilleux à tous égards, le sont surtout par leur anticipation des besoins de l'homme, ses besoins de nourriture, de vêtement, de beauté dans les formes, dans le mouvement et dans la voix, ses besoins de machines animées et de serviteurs dévoués quoique inférieurs.

Un système de bienveillance et de services réciproques va d'un bout à l'autre de la création. Ce n'est pas pour le bien du sol que s'élaborent ses principes nourriciers; les produits de la terre sont pour l'usage d'êtres supérieurs. Ce ne sont pas les céréales qui ont besoin de leurs grains pour s'en nourrir. Ce n'est pas le chanvre qui a besoin de la toile et de l'huile qu'on en tire. Les pommiers ne mangent pas de pommes. Le cotonnier ne s'habille pas de mousseline. L'eucalyptus ne craint pas la malaria. Les plantes qui produisent le thé et le café n'ont pas besoin de stimulants pour leurs nerfs. Les rosiers ne jouissent pas des couleurs rose ou blanche, ni des formes exquises, ni des odeurs suaves. Depuis la mousse jusqu'aux arbres puissants, chaque plante élève son front vers le ciel, portant écrite dans sa sève et sur ses divers organes cette loi : qu'elle n'a pas seulement à pourvoir à sa nutrition et à sa reproduction, mais qu'elle doit servir aux besoins d'êtres supérieurs à elle.

Pour en revenir à l'action de l'homme sur les êtres placés au-dessous de lui, nous la voyons modifier les phénomènes tout le long de la ligne, dans les animaux, les plantes, les terres, les roches et les métaux. La connaissance la plus parfaite de la plante ou de l'animal laissé à lui-même ne permettrait à personne de dire ce qu'il deviendra entre les mains de l'homme. Et cette remarque s'applique à tous les agents physiques. Par exemple, aucune connaissance du cheval sauvage ne permettrait à un homme ignorant des manœuvres de la cavalerie moderne de prévoir quelles modifications de phénomènes ont pu résulter, en un jour, dans une campagne d'une armée, de l'emploi de deux mille chevaux, montés par des hommes qui ont su les façonner en vue d'un but à atteindre. Les facultés naturelles des chevaux ont été cultivées et développées par l'homme, jusqu'à ce qu'ils en soient arrivés à jouer le rôle d'intelligences subsidiaires au service d'une intelligence supérieure, et qu'ils aient appris à mettre leur force physique au service de corps plus faibles quoique plus nobles. Ces animaux sont ainsi devenus capables de ce qu'ils n'auraient jamais pu faire, si un être d'une nature supérieure à la leur ne les avait dirigés. Il n'est pas nécessaire d'ajouter qu'un cheval ne pourrait faire pour un autre cheval ce qu'il fait pour son maître. Il a été prédisposé par la nature à accepter le contrôle d'un pouvoir apte à tirer parti, par la culture, de ses propres pouvoirs.

Nous parlions tout à l'heure d'un troupeau de brebis placé sous le contrôle d'un chien de berger. Ce cas est plus complexe que le précédent. Dans ce dernier, la domination de l'homme s'exerce directement sur un agent doué de la faculté de sentir. Dans l'autre cas, elle ne s'exerce pas directement, mais par l'intermédiaire d'un autre agent, ni brebis ni homme, et appartenant à une espèce fort différente de l'une et de l'autre. Et ce qui mérite surtout d'être remarqué, c'est que la domination sur le chien ne s'exerce pas mécaniquement au moyen du mors et de la bride, ni même par le mécanisme plus subtil de la voix. Le chien est seul, le berger est à quelque distance, et sa voix a cessé, pour un peu de temps, de se faire entendre; mais la volonté du berger régit celle du chien. Il a subi l'ascendant éducateur de l'homme, qui a modifié ses qualités, ses habitudes, ses facultés d'action. Il reconnaît son supérieur, s'attache à lui, prend plaisir à lui plaire et craint de l'offenser; tout cela en vue des services quotidiens que rendra le chien, en modifiant les phénomènes qui se produiraient dans le troupeau s'il était laissé libre de suivre ses propres lois. Il arrive donc que, quand le troupeau se dirige vers un certain champ, où sa présence produirait certains phénomènes, il trouve à l'entrée la volonté du propriétaire représentée par celle du berger, et celle du berger représentée par celle du chien; et ainsi un torrent de phénomènes qui, si rien n'était intervenu dans l'action des lois naturelles, eût envahi le champ, est détourné de son cours, et cela par une volonté agissant peut-être par l'intermédiaire de deux ou trois volontés humaines et finalement par celui d'une volonté animale.

X

Les modifications de phénomènes qu'un éléphant peut amener dans une forêt sont considérables. Mais l'homme peut les modifier par l'intermédiaire de l'intelligence et du corps de l'éléphant lui-même; il peut se servir de lui comme d'un instrument pour capturer ses semblables, ou pour produire les grands phénomènes de la guerre. Le chétif conducteur, perché au sommet de cette montagne de forces, fait passer sa volonté à travers les nerfs, les muscles et les os de l'animal, harmonisant les mouvements de ses énormes membres avec ceux d'une armée qui poursuit un but dont l'éléphant n'a aucune connaissance. Devant un tel spectacle, qui ne sent la puissance de l'esprit pour contrôler les phénomènes?

Il serait vain de chercher à obscurcir ce pouvoir supérieur de l'esprit, en parlant de la fixité des lois physiques et de l'impossibilité de les violer. L'ignorance prétend toujours que les choses qu'elle ne peut ni faire ni comprendre ne pourraient être faites qu'en violant la loi physique. Mais il y a trois conditions dont il faut tenir compte avant de soutenir que tel ou tel effet ne peut être produit sans la violation d'une loi physique. Il faudrait être certain, d'abord, qu'aucun agent d'une nature supérieure à la nôtre ne met les lois en mouvement; secondement, que l'agent affecté n'est pas mis en activité par un agent d'une nature supérieure à la sienne; et troisièmement, que si l'agent qui met en mouvement les lois physiques est de la même nature que nous, il ne connaît pas ces lois plus complètement que nous-mêmes.

Il est évident qu'un agent d'un certain rang n'est pas un bon juge de ce qui est contraire à la nature dans le cas d'un agent d'un grade supérieur. Un ver de terre se met en campagne un matin pour son travail de la journée. Il est parfaitement à la hauteur de la vie et des idées du monde des vers. Le voici qui arrive auprès d'un nid d'alouette. Une jeune alouette se met à crier. Le ver demande ce que c'est. « Je vois un ennemi », dit l'oiseau. — « Voir! qu'est-ce que voir? » — « L'ennemi est à cent mètres, je le vois et j'ai peur. » — « Voir! je ne crois pas à cela. Je crois à ce qui peut se toucher, mais voir à cent mètres de distance serait contre les lois de la nature; et décidément il m'est impossible de croire au surnaturel. » La jeune alouette continue à crier. « Que fais-tu là? » demande le ver. — « Je me sers de ma voix pour appeler ma mère. » — « La voix! qu'est-ce que la voix? Quelque chose, dis-tu, qui envoie tes sentiments à travers l'espace vide jusqu'au cœur de ta mère? Non, non, ce serait contraire aux lois de la nature, et je ne puis croire au surnaturel. » La jeune alouette répond : « Elle vient. » — « Comment vient-elle? » — « Elle vole. » — « Voler! Je ne crois pas au vol. Ramper sur le sol est naturel. Se mouvoir au-dessus du sol, là où il n'y a rien pour nous supporter, serait contraire aux lois de la nature; et d'ailleurs il n'y a pas de surnaturel. »

Tous les arguments du ver seraient raisonnables, s'il n'existait pas de facultés supérieures aux siennes. Mais il y a dans l'alouette trois facultés qu'il ne possède pas et qui lui sont inconnues : la vue à distance, la voix et le vol. Et voilà comment l'argumentation du ver sur de prétendues violations des lois de la nature pèche par la base.

Ce cas est celui d'un agent d'un ordre inférieur qui prend ses propres facultés comme la règle de la nature et qui conclut de ce qu'il ne peut pas faire une chose lui-même que d'autres ne peuvent pas la faire non plus, parce que les lois de la nature s'y opposent. Pour prendre la chose par un autre côté, voyons le cas d'un agent essayant de déterminer ce qu'un agent d'un ordre supérieur peut ou ne peut pas faire, selon les lois de la nature. Un aigle dira, par exemple : « L'homme est incapable de voler, il ne peut me suivre, il ne peut pas même essayer de le faire. On peut parler d'un pouvoir mystérieux qu'il aurait de pénétrer dans les airs avec plus de rapidité que le vol de l'aigle. Tout cela sent le surnaturel, et dans tous mes voyages je n'ai rien vu qui monte plus haut que l'aigle. L'homme ne peut m'atteindre, cela serait contraire aux lois de la nature. » Et le vaillant oiseau s'envole dans des régions où le corps humain ne peut pas en effet tenter de le suivre. Mais l'esprit humain, se servant d'instruments empruntés aux règnes minéral, végétal et animal, utilisant la force de sa volonté, la force de ses nerfs, la force de ses os, la force chimique, la force mécanique, envoie une matière morte, du plomb, à la poursuite de l'oiseau, et gouvernant à travers les airs l'effet de toutes ces forces réunies, fait pénétrer le plomb meurtrier dans les organes vitaux de l'aigle, et le voilà gisant aux pieds de son ennemi ! Ce qui était surnaturel pour l'aigle est naturel pour l'homme. Les lois inviolables, qui pour l'aigle n'avaient qu'un aspect, en ont plusieurs pour l'homme.

Une baleine, faisant sa demeure dans quelque région du Pacifique, apprend qu'un esprit humain, de l'autre côté du globe, a projeté sa mort; elle peut s'appuyer sur son expérience pour se dire qu'un pareil projet est contraire aux lois de la nature; elle a d'excellentes raisons de croire qu'une chose aussi insondable et aussi nébuleuse que ce qu'on appelle un esprit n'a pas pu comploter la ruine d'une baleine, et cela à une distance de trois mille lieues! Mais l'esprit humain fait évanouir comme par un coup de baguette toutes les impossibilités et toutes les improbabilités; et une lutte tragique, dont l'océan est le théâtre, vient apprendre à la baleine que des faits qu'elle pouvait raisonnablement croire surnaturels sont dans les limites de la nature pour un être capable de mettre en mouvement des lois physiques si variées et si puissantes.

Prenons le cas d'un agent inconscient. Trois pommiers croissent côte à côte. Le passant qui cueille un fruit du pommier de droite ou de celui de gauche dira, après l'avoir porté à sa bouche : « Ce fruit est doux »; mais après avoir goûté un fruit du pommier qui est au milieu, il dira : « Ce fruit est aigre ». Ce pommier désirerait en vain produire des fruits doux; il n'a pas été greffé et ne peut se greffer lui-même. Il en appellerait vainement à ses voisins de droite et de gauche; ils ne peuvent l'améliorer. Il serait contraire à la nature qu'ayant la sève qu'il a, il produisît des pommes douces. Et rien ne serait changé dans la situation, quand même tous les arbres du jardin seraient d'accord pour dire : « Nous ne croyons pas que la destinée des arbres puisse dépendre de quelque chose de plus haut que les arbres, ou qu'une providence, régie par quelque chose d'aussi capricieux que la volonté, puisse dominer les forces qui président à l'évolution spontanée des organisations végétales »; ou bien encore, s'ils disaient tous ensemble : « Quant aux mythes relatifs à l'esprit, les desseins, les intentions et les volontés d'un être inconnaissable, que l'on nomme un jardinier, ils sont futiles. » Il y a un être plus grand que les arbres. Il y a pour eux un monde invisible, celui de l'esprit. L'esprit exerce sur eux le rôle d'une providence limitée, mais dont les limites viennent d'en haut, et non d'en bas. Et si le jardinier survient et accomplit l'opération de la greffe, qui est dans ses attributions, le fruit deviendra doux d'amer qu'il était, et le mauvais arbre deviendra bon. Par cette intervention, les pouvoirs de la nature n'auront pas été outrepassés ni ses lois violées.

XI

Il nous reste un cas à mentionner, celui dans lequel l'action se passe entre deux êtres d'un seul et même ordre, dont l'un, toutefois, en sait plus long que l'autre sur les lois de la nature. Je me rappelle qu'un jour, il y a bien des années, dans l'Inde, je décrivais à des brahmanes le tunnel de la Tamise ; l'un d'eux me dit : « C'est un mensonge ! Nous dire que des hommes et des chariots vont sur une route et qu'une rivière passe au-dessus de leurs têtes, et sur cette rivière des navires, c'est un mensonge ! » Cette dénégation avait en sa faveur le témoignage tout entier de la science et de l'histoire des Hindous. Mon récit n'était-il pas contraire aux lois de la nature? Et pourtant j'avais dit la vérité ; le fleuve passe et les navires voguent au-dessus de la tête des gens ; et aucune loi de la nature n'est violée.

J'ai aussi entendu des Arabes me dire : « Prétendre que du fer peut flotter, c'est un mensonge! Cela est contraire à la nature. Le fer va au fond de l'eau, et personne ne peut le faire nager. Ce serait surnaturel. » Et cependant nous faisons flotter une masse de fer pesant des milliers de tonnes et portant des hommes, du grain, des bestiaux et toutes sortes de marchandises. Quand un énorme *steamer* en fer se balance sur les vagues, est-ce qu'il viole une loi de la nature, et n'y a-t-il pas là la preuve de la puissance que possède l'esprit de mettre en mouvement les lois de la nature et de modifier ses phénomènes? Et n'y a-t-il pas là aussi la preuve que la tête même d'un Arabe renferme des facultés et des possibilités dont il ne se doute pas, et la preuve aussi que nul ne peut jamais assigner de limites à la sphère de l'esprit humain, si ce n'est un esprit plus élevé que lui.

Ce qui semble surnaturel à une génération, et ce qui le serait en effet pour elle, devient parfaitement naturel à celle qui suit. Le télescope et le microscope donnent à l'œil humain une puissance que beaucoup d'honnêtes gens déclareraient surnaturelle. Le téléphone fait la même chose pour l'oreille. « Il est contraire aux lois de la nature qu'un homme parlant de sa voix ordinaire puisse être entendu à une lieue de distance. » Oui sans doute, si les lois de la nature sont laissées à elles-mêmes; mais si l'esprit les meut d'une certaine façon, loin d'être en opposition avec elles, c'est par leur ministère que la chose a lieu. L'intelligence de l'homme le rend capable d'étendre la portée de ses sens au moyen de la mécanique, et sa raison accepte alors la sensation, non comme une spécification, mais comme une indication des objets. Il ne se demande pas combien il y a de roues dans le chronomètre et combien chaque roue a de dents, mais il se préoccupe des mouvements à mesurer, heures, minutes et secondes. Dans les mathématiques, la sensation est voisine du néant, mais, une fois les rapports qu'elle indique correctement compris, la raison fait sortir de ce minimum de sensation un maximum de connaissance.

Quelqu'un a dit que demander à Dieu le beau temps équivaudrait, en certains cas, à lui demander que l'eau remontât sa pente, et que, dans les deux cas, il y aurait violation des lois de la nature. L'eau, en effet, laissée à elle-même, ne remonte pas sa pente; mais le savant professeur qui a tenu le propos que je viens de citer a dans sa poitrine un cœur qui, à chacun de ses battements, fait remonter un liquide jusqu'au haut de sa tête. L'eau peut escalader des murailles, si l'esprit humain veut adapter les lois de la nature de façon à ce qu'elles le fassent. Elle peut faire plus encore; elle est en rapport avec d'autres mondes que le nôtre; elle a la tendance à être et à se mouvoir dans des corps et dans des milieux différents; elle a ses capacités propres d'existence, au delà de la portée de nos sens. De l'habitation qu'il occupe sur le Bell-Alp, le professeur Tyndall a pu souvent voir de l'eau à l'état de neige immobile sur les sommets, tandis que d'autre eau s'était élevée plus haut que les plus hauts sommets, aspirée par les rayons d'un astre placé à une distance où les Alpes seraient aussi invisibles à la vue de l'homme que pourraient l'être à un œil ordinaire les plus petits germes d'infusoires étudiés par le célèbre professeur. Cette eau qui s'élève et qui plane, d'abord visible, au-dessus des sommets neigeux, devient bientôt invisible et se mêle aux eaux accumulées dans les hauteurs du firmament. Cette disposition de l'eau à s'élever ne représente-t-elle pas un rapport réel entre elle et un autre monde, et ne fait-elle pas partie de sa mission spéciale dans celui-ci? En s'élevant viole-t-elle quelque loi de la nature? Et de plus, n'y a-t-il pas un esprit exerçant un contrôle sur les lois qui régissent toutes les eaux de notre globe et auquel ce contrôle donne infiniment moins de souci que la direction des eaux de Versailles ou de Sydenham n'en donne à l'esprit de leurs directeurs. Et quand, du sommet glacé de la montagne, l'eau s'élève attirée par un foyer de chaleur, l'esprit humain peut-il de ces mêmes hauteurs plonger son regard dans le noir néant et dire : Pour moi, il n'y a pas de foyer supérieur; aucune réponse ne me parvient du fond de l'infini, aucune carrière ne s'ouvre pour moi parmi les habitants de l'invisible; il faut que, solitaire, j'achève mon voyage?

Et tandis que, lorsqu'ils ont soif, les petits de la chèvre, de la brebis et du chamois peuvent demander à boire sans que leur mère les renvoie, pour les allaiter, aux lois de la nature; tandis qu'ils peuvent se fier, sans crainte d'être déçus, à cette grande loi de la nature : *Demander pour recevoir;* et tandis que, en temps de sécheresse, les troupeaux peuvent bêler vers leur gardien, sans qu'il leur réponde qu'il lui faudrait, pour leur donner à boire, violer les lois de la nature, l'homme est-il donc le seul qui ne puisse recourir à un plus puissant que lui, et la nature envisagée dans son ensemble, n'a-t-elle pas, au-dessus de ses lois, un esprit infaillible, alors que, dans toutes ses parties, elle rend témoignage à l'utile domination d'un esprit qui est pourtant sujet à errer ?

XII

Ce qui nous paraît la vérité en cette matière, c'est d'abord qu'aucun être d'un ordre inférieur ne peut juger de ce qui est possible ou impossible à un être d'ordre supérieur, sans qu'il viole les lois de la nature ; secondement, que les effets qu'un être d'ordre supérieur peut produire sur un être d'ordre inférieur, sans violer les lois de la nature, dépendent des facultés mentales du premier ; finalement, que ce qui peut être accompli par un être d'un ordre donné, en fait de modification des phénomènes, ne peut être jugé par un être du même ordre, mais d'une condition mentale notablement inférieure.

Il résulte, comme nous l'avons indiqué, que ce qui excède les pouvoirs naturels d'un être et est pour lui surnaturel, est naturel pour un autre, parce que cela n'excède pas les pouvoirs de sa nature. Cela demeure vrai jusqu'au bout, et l'on peut dire que ce qui est surnaturel au plus puissant des anges est naturel au suprême Pouvoir, duquel tous les pouvoirs tirent leur origine. Conformément à ce point de vue, le naturel et le surnaturel existent côte à côte, depuis l'ordre d'agents le plus humble jusqu'au plus élevé, c'est-à-dire jusqu'à Celui de qui ont émané à l'origine les forces finies et en qui elles sont toutes contenues ; de Celui qui, placé au-dessus de toute règle, de toute autorité et de tout pouvoir, les regarde d'en haut comme le soleil semble regarder ses rayons.

L'action coordonnée des deux ordres de lois est si évidente dans la nature qu'aucune loi naturelle n'est plus invariable que celle-ci : que les lois physiques absolument inviolables seront mises en mouvement par des agents intelligents, et que leur action sera surveillée par eux dans des limites déterminées. L'agent physique étant, par le fait de la loi qui le régit, un instrument à l'abri de toute inconstance, donne à l'agent libre la possibilité de prévoir, et lui permet, soit de combiner divers agents en vue d'un but déterminé, soit de se servir de l'un d'eux pour modifier ou annuler complètement l'effet naturel de l'autre. Tout le domaine de la science et de la morale serait débarrassé de cette bourbeuse spéculation, dont se plaint très justement M. Austin, si l'on pouvait amener les hommes à ne plus parler de leur action sur les lois, mais uniquement de leur action sur les agents. La connaissance de la loi leur vient en aide sans doute dans leurs rapports avec l'agent ; mais ce que l'on appelle s'attaquer à une loi, c'est tout simplement agir par la volonté sur des agents, avec la connaissance de leurs lois, et conséquemment de l'effet que notre action doit avoir sur eux et sur d'autres agents.

Le pouvoir que possèdent les agents, inanimés aussi bien qu'animés, de subordonner à leur utilité les agents d'ordre inférieur, est évident. La plante ne peut se subordonner la locomotion, la sensation ou l'instinct; mais elle subordonne à ses nécessités physiologiques certaines molécules et certaines masses. L'animal, doué de peu de sagacité, ne peut se subordonner un ordre supérieur d'instinct; mais chaque animal se subordonne certains organes de la vie végétative. Les animaux, doués d'une sagacité plus haute, étendent cette domination, et l'ascendant exercé par l'esprit s'étend graduellement à mesure que l'instinct prend un caractère plus élevé et que l'intelligence animale grandit. Si je parle de l'intelligence des animaux, c'est qu'il est évident que toute leur activité mentale ne peut s'expliquer par l'instinct, pas plus que toute l'activité mentale des hommes n'est au-dessus du domaine de l'instinct.

En un mot, la vie végétative s'assimile les agents physiques et régit leurs forces; la vie animale régit les forces des agents végétaux; l'esprit régit les forces des agents animaux, et la vie morale régit les forces des agents doués de la vie mentale. Dans l'animal, au lieu de la vie morale absente, nous trouvons des besoins et des sentiments se rapportant à son alimentation, à sa conservation, à ses semblables, à ses petits, à sa demeure. Les facultés mentales quelconques qu'il possède sont mises en mouvement par ces sentiments, auxquels répondent les expédients dont il use. Mais ses facultés sociales ne s'arrêtent pas là. S'il est capable d'entrer en relations avec l'homme, sa dépendance à son égard régit bientôt ses autres habitudes, et l'obéissance qu'il lui rend modifie ses impulsions et, par suite, la direction de ses mouvements. S'il n'est pas susceptible d'entretenir des relations avec l'homme, la

ACTION COMBINÉE DES DEUX ORDRES DE LOIS 177

crainte de l'homme, dans la plupart des cas, dominera ses facultés, quelles qu'elles soient, toutes les fois qu'il plaira à l'homme d'y faire appel.

Pour ce qui est de l'homme, les considérations morales font appel, à tout instant, à ses facultés mentales et physiques. Ces considérations dominent la direction qu'il exerce sur les membres de son corps, chaque acte volontaire soulevant la question : Est-ce bien? est-ce mal? Il en est de même de la direction qu'il exerce sur son intelligence, car il sait que, selon qu'il satisfera ou réprimera ses inclinations, selon qu'il élèvera ou abaissera ses principes, il en résultera de graves conséquences pour lui, ne serait-ce qu'au point de vue de sa souffrance ou de sa joie. Les considérations morales le suivent dans ses rapports avec sa famille, ses voisins, ses compatriotes et l'humanité tout entière. Elles le suivent dans sa conduite envers les animaux. Et même lorsqu'il a affaire avec les choses sans vie, il ne peut se dépouiller de sa dignité d'être moral. A chaque tournant de son chemin, les deux voies du bien et du mal s'ouvrent devant lui, et les deux buts, la récompense ou le châtiment, se montrent à lui à une distance appréciable. Ses qualités morales régissent tout le reste en déterminant la direction de l'activité mentale. Un escroc peut déployer une grande puissance d'invention et une grande habileté, en obéissant au désir de filouter avec éclat. Un poète sensuel peut faire appel aux facultés les plus exquises de l'imagination et de l'harmonie, pour les mettre au service des plus grossiers appétits. L'ambition dominera une vie, l'animosité une autre, la bienfaisance une troisième, et le zèle religieux une quatrième, et dans chaque cas les facultés mentales et animales suivront l'impulsion morale.

Si la capacité d'entretenir des rapports avec un être d'ordre supérieur caractérise les animaux les plus nobles, une capacité analogue siégeant dans l'âme de l'homme ne constitue-t-elle pas son attribut le plus élevé et sa plus haute prérogative? Si grands ou si petits que soient les objets étudiés au microscope ou au télescope ou par tout autre moyen d'étude, l'homme accepte de tels objets comme un spécimen et non comme un tout. Il y a au-dessus des plus vastes étendues de l'espace, une pensée plus vaste encore, et sous l'atome le plus infinitésimal, une pensée encore plus subtile. Ce n'est pas sans être infidèle à ses instincts et à sa raison, que l'âme humaine peut arrêter ses besoins de relations morales à la limite que les relations physiques ou mentales elles-mêmes franchissent pour se rattacher à des sphères plus hautes. Ce n'est pas sans se faire violence qu'arrivée à ce point, l'âme rétrograde et se refuse à reconnaître au-dessus d'elle-même l'existence de la vie mentale et morale.

La constance de ses instruments physiques, qui est garantie à l'agent moral par l'inviolabilité des lois physiques, venant s'ajouter à l'effrayant pouvoir qu'il a de mettre ces lois en mouvement de façon à modifier les phénomènes, accumule sur l'homme une responsabilité immense devant Dieu et devant ses semblables. Ce système d'instruments fixes, mis entre les mains d'agents libres, nous mène, à travers l'inviolabilité des lois, à la flexibilité des phénomènes.

XIII

Pour l'homme, la conséquence pratique de ces considérations, c'est que, quoique puissant, il est responsable ; quoique ayant l'autorité, il est sujet à une autorité. C'est là le refrain que j'entends l'écho lui répéter, lorsque je le vois fièrement campé sur les Alpes ou les Apennins, regardant avec hauteur ces montagnes qu'il a percées et à travers lesquelles il fait passer ses lignes ferrées. Il est vrai que ce train qui s'enfonce sous la montagne est l'œuvre de ses mains et qu'il est, à sa manière, « un corps bien proportionné et bien joint par la liaison de ses parties qui communiquent les unes avec les autres ». Mais quelque témoignage qu'il rende à la puissance de l'homme sur les agents physiques, cette puissance ne va pas jusqu'à communiquer à cette œuvre, composée de tant de parties, la faculté de faire croître ce corps. Le bois dont les wagons sont faits pouvait sans doute croître lorsqu'il était encore vivant. Il eût été toutefois inutile de lui conseiller de « croître dans l'amour ». Cette sorte de loi est de celles que ne comprennent pas plus les chênes vivants que le métal mort. De même que l'âme est, dans le corps humain, le seul pouvoir capable de transformer en une pensée radieuse le son exprimé par le mot *amour*, ou la vue des lettres qui le composent, ainsi dans ce train multiforme, le voyageur qui y a pris place est le seul agent capable de se développer ou d'être poussé par le mobile puissant de l'amour.

Quand donc, au sortir du tunnel, l'homme regarde

le soleil dont les rayons lui ont fourni le charbon, les nuages auxquels il renvoie, sous forme de vapeur, l'eau qu'il en a reçue, la terre dont les veines lui ont fourni le métal pour ses machines, les forêts où il a pris le bois pour la construction des véhicules qui l'emportent dans leur course, les animaux dont il a d'abord utilisé les forces pour les remplacer ensuite par la vapeur ; quand il considère tout cela, il se sent certes capable de modifier les phénomènes. Ce sentiment peut amener avec lui une pensée d'orgueil ou une pensée d'effroi. Mais est-il bien possible qu'il n'apporte pas toujours à sa raison la persuasion que ce n'est pas dans son cerveau que le pouvoir de modifier les phénomènes a son siège le plus élevé ?

SIXIÈME PARTIE

CE QUE PRÉSUPPOSE L'EXISTENCE
DES DEUX ORDRES DE LOIS
ET LEUR ACTION COORDONNÉE

En abordant la dernière question qui s'offre à notre étude, nous avons la satisfaction de pouvoir citer une parole de M. Littré, qui nous offre le même avantage que nous avons trouvé dans une parole de Stuart Mill, pour la question générale, — l'avantage de nous dire clairement à qui nous avons à faire. Le passage que je vais citer a pour but de résumer le plan de l'univers tel que l'a découvert, pour le profit de l'humanité, la sagesse accomplie de la philosophie positive. J'attire l'attention surtout sur le dernier mot. Quant au premier groupe de la nature mentionné par M. Littré, je n'espère pas que le lecteur comprenne, beaucoup mieux que moi, pourquoi des conditions de nombre, de mesure et de mouvement seraient rattachées aux corps célestes, en les distinguant de tous les autres corps. Nous en sommes restés aux notions communes, d'après lesquelles ces propriétés de nombre, de mesure et de mouvement sont considérées comme s'appliquant à la grêle, aux pigeons voyageurs, aux chevaux, aux poissons, aussi bien qu'aux étoiles, et non à ces corps spécialement, mais à tous les corps sans exception. Cela dit, je laisse la parole à M. Littré :

I

« Si l'on considère l'ensemble de ce qui se nomme la nature, on y aperçoit trois groupes visiblement distincts. Le premier est le groupe mathématico-physique, c'est-à-dire les propriétés ou forces physiques, avec leurs conditions numériques, géométriques et mécaniques. Le second est le groupe chimique, avec ses actions qui s'exercent moléculairement. Le troisième est le groupe organique, avec ses propriétés vitales. Il n'est pas permis de les ranger autrement : le groupe vital suppose les deux premiers; le groupe chimique suppose le groupe physique; celui-ci seul ne suppose rien [1]. »

Dans ce morceau, trois points sont clairs. Premièrement, quand nous contemplons des forces et des propriétés vitales, notre intelligence prononce que quelque chose a dû exister avant elles, tout au moins des agents chimiques. Secondement, quand nous contemplons des propriétés et des forces chimiques, notre intelligence prononce que quelque chose a dû exister avant elles, tout au moins des agents physiques. Mais, en troisième lieu, quand nous contemplons des pro-

1. Littré, *Comte et la philosophie positive*, 3ᵉ édit., p. 42.

priétés et des forces physiques, notre intelligence prononce qu'avant elles il n'y avait rien.

Ce mot-là est clair, clair comme la glace des mers polaires. Et si nous demandons ce qui est compris dans ce groupe de la nature que l'on nomme physique, Auguste Comte nous apprend qu'il inclut le soleil, la lune, les planètes, la terre, avec la lumière, la chaleur, l'acoustique et l'électricité, c'est-à-dire la création tout entière, à l'exception des êtres organisés, bien qu'il laisse en dehors de lui les propriétés chimiques, qui n'en sont pas moins indissolublement attachées à tous les corps qui forment ce groupe. L'artifice mental, au moyen duquel on abstrait les propriétés de leurs substances, pour les grouper à part, comme si elles étaient « visiblement (et non pas seulement mentalement) distinctes », cet artifice est lestement réalisé. Il a toutefois l'inconvénient d'égarer aisément l'esprit en lui faisant considérer des distinctions idéales comme si elles existaient dans la réalité.

Rendons-nous bien compte de la situation où se place M. Littré. Il a accoutumé son esprit à accepter un credo qui enseigne que, tandis que nous ne pouvons rendre compte de la vie sans supposer la chimie, et de la chimie sans supposer l'existence mécanique des corps, nous pouvons admettre que la lumière, la chaleur, le jour, la nuit, les marées, les éclipses, l'air, le son, la neige, la grêle, les comètes, le soleil, la lune, les étoiles ne supposent rien pour expliquer soit leur existence distincte, soit leur action combinée. Il se borne à dire que tout cela, envisagé comme un groupe, ne réclame pas qu'un esprit ou qu'une pensée l'ait précédé. L'idée contraire est pour lui un épouvantail décoré du nom de fiction théologique, et doit être absolument proscrit. Si vous accordez ce point essentiel à M. Littré, il vous accordera que les marées supposent l'eau, que l'eau suppose la chaleur, que la chaleur suppose diverses autres choses, et ainsi de suite. Mais il est bien entendu que toutes ces choses additionnées ensemble ne supposent rien du tout.

Cette conception de M. Littré a son origine dans une parole célèbre d'Auguste Comte lui-même :

« Pour les esprits étrangers à l'étude des corps célestes, quoique souvent très éclairés, d'ailleurs, sur d'autres parties de la philosophie naturelle, l'astronomie a encore la réputation d'être une science éminemment religieuse, comme si le fameux verset : *Cœli enarrant gloriam Dei* avait conservé toute sa valeur. Aujourd'hui, pour les esprits familiarisés avec la vraie philosophie astronomique, les cieux ne racontent plus d'autre gloire que celle d'Hipparque, de Képler, de Newton, et de tous ceux qui ont concouru à en établir les lois [1]. »

Remarquez ces derniers mots : « concouru à en établir les lois! » C'est comme si nous disions que Blackstone a établi les lois de l'Angleterre, ou que Harvey a établi la circulation du sang. Le fait est que Comte, à force de répéter qu'il n'existe d'intelligence que de ce côté ci des étoiles, semble avoir embrouillé sa propre intelligence et ne plus rien voir qu'à travers ce verre enfumé. Pour lui donc, ce ne sont pas les cieux qui

---

1. Auguste Comte, *Cours de philosophie positive*, t. II, p. 36.

sont une réalité grandiose; c'est notre science astronomique. Découvrir une loi et l'enregistrer dans le livre de la science, c'est là « établir une loi »; et quelque gloire que les cieux proclament, il faut bien se garder de l'attribuer à un esprit plus élevé que les étoiles et que leurs lois; il faut la réserver à l'esprit humain qui s'est élevé jusqu'à leur surface inférieure et a épelé d'en bas leur histoire. Dans une discussion ordinaire, où il ne serait question que d'apprécier la valeur d'un raisonnement, on appliquerait à un pareil procédé une qualification qui ne serait pas précisément flatteuse pour celui qui s'en servirait.

II

Nous comprenons maintenant qu'il soit nécessaire de nous enjoindre de ne plus demander *pourquoi* et de ne plus nous enquérir des causes. Cette injonction qui ne tend à rien moins qu'à mutiler notre intelligence, on nous l'adresse modestement, non pas au nom de l'athéisme, mais au nom de la philosophie. Mais on aura beau faire, on ne nous empêchera pas de rechercher les causes. Stuart Mill, en faisant remarquer que, dans la pratique, Comte lui même reconnaît et accepte des causes, dit plaisamment que ce n'est pas à la chose qu'il en veut, mais seulement au mot. Les deux ordres de lois, que nous avons vu régir leurs agents respectifs et établir entre eux des rapports, nous obligent à demander : Comment sont-ils arrivés à l'existence? Comment en sont-ils venus à se combiner? Comment chaque ordre de loi a-t-il fait pour être représenté par un ordre correspondant d'agents? Vous me dites que les lois morales supposent sans aucun doute les lois physiologiques, qui supposent les lois chimiques, qui à leur tour supposent les lois mécaniques, lesquelles ne supposent rien du tout. C'est-à-dire que les consciences reçoivent la loi des tissus organiques, les tissus reçoivent la loi des molécules, les molécules reçoivent la loi des masses mécaniques, et les lois mécaniques reçoivent la loi de rien du tout. De la conscience aux tissus, des tissus à la molécule, de la molécule aux masses, des masses au néant, voilà la ligne de progression vers la source de toute loi, vers le siège de tout ordre.

Nous affirmons que cet ordre de dépendance imposé à la loi est contraire à tout ce que les hommes connaissent, à tout ce que l'expérience enseigne et à tout ce que la raison peut déduire des choses qui sont dans le domaine de la connaissance et de l'expérience. Nous affirmons qu'il ne serait pas plus difficile de concevoir des corps vivants sans la préexistence d'agents chimiques, ou de concevoir des agents chimiques sans la préexistence des masses mécaniques, qu'il ne l'est de concevoir l'existence de l'univers physique tout entier avec ses propriétés et ses forces, sans la préexistence de la pensée, de la volonté et de la puissance. Nous affirmons que l'existence de cet univers physique suppose la préexistence d'un esprit capable d'en concevoir l'ensemble, et d'une puissance capable de donner un corps à cette conception. Nous affirmons que les habitudes naturelles du raisonnement conduisent l'esprit, lorsqu'il se trouve en présence d'arrangements si complexes et pourtant si harmoniques, à conclure à la préexistence d'une cause intelligente adéquate. Nous affirmons que demander à l'intellect de croire à l'établissement d'un tel ordre d'arrangements sans qu'une pensée y ait présidé, c'est lui demander de faire ce qu'on ne lui demanderait dans aucun autre cas, à moins de se mettre en insurrection contre les règles ordinaires de la raison. Nous affirmons donc que les cieux proclament une autre gloire que celle des hommes qui ont contribué à découvrir les lois qui régissent leurs mouvements ; ils proclament la gloire d'un esprit qui a créé les cieux avant qu'il y eût des astronomes, d'un esprit dont la pensée est aussi élevée au-dessus de leur pensée que les cieux le sont au-dessus de la terre.

Quand on veut me faire croire qu'il suffit, pour rendre compte des choses, d'abstraire d'abord des substances leurs propriétés et leurs forces, et d'en faire trois groupes, pour déclarer ensuite que, tandis que le plus élevé de ces groupes suppose le moins élevé, l'ensemble de ces groupes ne suppose rien du tout, je me demande ce que M. Littré eût pensé de moi si je m'étais permis de rendre compte de son grand Dictionnaire au moyen d'un semblable tour de passe-passe.

Supposez que j'eusse dit : Dans cet agrégat volumineux de phénomènes, nous ne devons pas regarder le concret, mais seulement l'abstrait, nous rappelant que nous sommes des philosophes, et non de simples savants. Laissons à ces derniers les choses concrètes, qui conviennent à leurs sphères de spécialités étroites ; « ce sont des manœuvres qui se croient architectes [1] ». En notre qualité de philosophes, nous considérons, dans cet agrégat de phénomènes, non des substances, mais seulement des propriétés et des forces. Si donc l'on considère l'ensemble de ce qui se nomme le Dictionnaire de Littré, on y aperçoit trois groupes visiblement distincts. Le premier est le groupe littéraire, avec ses propriétés linguistiques. Le second est le groupe industriel, avec ses actions musculaires. Le troisième est le groupe des propriétés et des forces commerciales, avec leurs conditions numériques, géométriques et mécaniques. Il n'est pas permis de les ranger autrement. Le groupe commercial suppose les deux premiers ; le groupe industriel suppose le groupe littéraire ; celui-ci seul ne suppose rien.

M. Littré eût sans doute reconnu que les forces commerciales supposent les deux autres groupes, et que les forces industrielles supposent les forces littéraires, puisqu'un livre ne peut être vendu sans avoir été imprimé, et ne peut être imprimé sans avoir été écrit ; mais quand nous aurions lancé l'affirmation que les propriétés et les forces littéraires du phénomène ne supposent rien, M. Littré eût sans doute demandé : « Et pourquoi pas un auteur ? » Sup-

---

1. Ces mots de M. J.-H. Lewes ne sont qu'un écho de la mauvaise humeur contre les hommes de science et de lettres, et surtout contre les géomètres, qui est si frappante chez Auguste Comte. Il va jusqu'à insinuer clairement que ce ne serait pas un bien grand malheur si tous les corps savants étaient supprimés. Voy. *Discours sur l'esprit positif*, p. 79, en note, et *Cours de philosophie positive*, passim.

posez que j'eusse répondu : « Non, je ne sache pas que les propriétés littéraires supposent un auteur; il n'est pas permis de chercher en dehors du fait une explication du fait »; ni les philosophes ni les savants ne trouveraient une telle réponse satisfaisante pour M. Littré. Lui-même pouvait oublier qu'un phénomène est pour la raison l'indication de beaucoup de choses qui ne tombent pas sous les sens. Il pouvait prétendre que nous n'apprenons, par le moyen d'un phénomène, que juste ce que l'œil voit, ce que l'oreille entend, ce que la main touche. Tout cela ne l'empêchait pas de penser que, dans un dictionnaire, les facultés et les talents invisibles d'un lexicographe se voient clairement, non par les yeux, qui ne voient que des marques noires sur une surface blanche, mais par l'esprit qui, dans ces marques noires, discerne une indication de facultés invisibles. Il est vrai que le phénomène est l'unique objet des sens; mais l'objet de l'esprit est ce quelque chose, dont le phénomène n'est que l'indication.

Or le fait que chaque phénomène séparé pour les sens est, pour la raison, l'indication de beaucoup d'autres choses au delà, ce fait-là est l'un de ceux que toute la puissance du positivisme ne retranchera pas de la nature, et l'habitude correspondante de l'âme humaine, de « chercher derrière le fait l'explication du fait », est l'une de celles que le froid scalpel du système ne réussira jamais à extirper. Les positivistes peuvent s'en plaindre et ils n'y manquent pas. Pour moi, m'en tenant à cette bonne habitude, que l'humanité n'est pas sur le point de perdre, j'ouvre le Dictionnaire de Littré, et je demande ce qu'il suppose.

Sans aller au delà du livre lui-même, je sais avec une entière certitude qu'il suppose du papier, de l'encre et du fil, et de plus des fabriques où ces matériaux ont été faits, et une longue succession de causes antérieures. Je sais également qu'il suppose des caractères, la fonte des caractères, du métal et plusieurs choses dans cette même ligne. Je sais encore qu'il suppose la langue française et plusieurs autres langues, et aussi les arts de la grammaire, de la logique et de la composition en vers et en prose. Suppose-t-il également l'esprit d'un auteur? Oui, aussi sûrement que tout le reste; et, en fait, en contemplant l'œuvre, c'est là la première conclusion qui s'impose à l'esprit de tout le monde. Et non seulement je sais que le Dictionnaire est l'œuvre d'un auteur, mais je puis aussi, en l'étudiant, me faire une bonne idée de ses capacités.

Rien n'est plus faux, rien n'est plus vide de sens que de dire que tout ce que nous connaissons d'un phénomène, c'est ce phénomène même. Plus notre connaissance du phénomène est complète et plus nous connaîtrons ce qui lui sert d'indice. Si je sens une pulsation, je puis ne pas savoir grand'chose de ce qu'elle indique, et cependant le phénomène est le même pour moi que pour le médecin, le même pour ma sensation, quoiqu'il soit fort différent pour ma raison de ce qu'il est pour celle du médecin.

De même, quand nous regardons aux diverses parties de la nature et à l'ordre qui y règne, il ne nous est pas interdit de demander : N'ont-elles pas un auteur? ou d'affirmer, quand on vient nous parler de choses inconnues et inconnaissables, qu'aucune chose n'est aussi complètement inconnue à l'ensemble de l'expérimentation humaine qu'un système de forces disposées de façon à agir harmoniquement et correspondant avec une précision parfaite au système de l'univers, sans l'action préalable d'un esprit directeur.

III

Les lois physiques supposent chez les agents inconscients la faculté de coopérer avec d'autres agents inconscients et avec des agents doués de conscience, et cela à des distances petites et grandes, depuis la distance la plus rapprochée jusqu'à des distances presque infinies. C'est non seulement faire violence à l'intelligence, mais porter un défi à toutes les formes de l'expérience que de supposer qu'une adaptation puisse ainsi se produire à travers l'espace sans le contrôle de l'esprit. Nous savons que c'est l'esprit qui adapte la flèche pour qu'elle frappe à un certain endroit; qui adapte la cloche pour qu'elle se fasse entendre à un mille de distance; qui adapte la lampe électrique sur un navire pour éclairer les travaux qui se font à terre; qui adapte le télescope de façon à étendre la portée de la vue à des milliards de milles au delà de sa portée naturelle; qui adapte les fils de fer, en sorte qu'ils puissent porter des ordres d'achat et de vente d'une rue à l'autre, ou de Londres à New-York. Nous connaissons des adaptations de cette sorte, mais ce dont nous ne connaissons aucun exemple, c'est une adaptation prenant d'elle-même son essor à travers l'espace, et n'ayant rien pour point d'appui. Le pouvoir de faire coopérer des agents avec d'autres suppose le pouvoir de leur communiquer des qualités passagères ou permanentes. Une telle attribution de qualités suppose une conception des effets de ces qualités; non seulement sur l'agent lui-même et au dedans de lui, mais aussi dans leurs rapports avec d'autres agents. Cette connaissance d'effets futurs suppose, dans l'attribution de qualités nécessaires pour produire ces effets, l'action d'une volonté qui les produise directement, ou les fasse produire à des agents conscients, capables, eux-mêmes, de se servir d'instruments préparés à cet effet. Et le tout suppose le pouvoir de mettre à exécution ce qui a été conçu et voulu.

L'attribution permanente de propriétés aux agents physiques n'aurait pas été sans importance, même s'il n'y eût eu sur la terre qu'un être humain solitaire; car il n'eût pas pu faire cuire ses repas s'il eût eu toujours à se demander si le bois brûlerait ou si l'eau entrerait en ébullition. Mais la constance des propriétés des agents physiques atteint une importance considérable, par le fait qu'ils doivent servir d'instruments à des multitudes innombrables d'agents libres, doués des mêmes besoins. Si le maître ne pouvait pas compter sur les outils, il ne lui serait guère utile de louer des ouvriers. Si le marchand ne pouvait pas compter que les diamants conserveront à Londres les mêmes qualités qu'au Cap, il ne s'aventurerait pas à en faire le commerce. Si les agents libres pouvaient à leur volonté modifier l'action des instruments physiques, ce ne serait pas seulement le système de la nature physique qui pourrait subir les plus graves perturbations, ce serait la société humaine elle-même qui perdrait sa base matérielle. Nul ne saurait sur quoi compter, et cet échange continuel de services d'homme à homme, qui forme le lien de la société, deviendrait impossible. La confiance étant détruite, toute énergie serait paralysée, et les rapports se limiteraient aux nécessités animales. Il y aurait sur la terre des animaux intelligents ; il n'y aurait rien qui ressemblât à ce que nous appelons la société humaine. Même le *wigwam* de l'Indien et ses souliers à neige, sa natte et ses ornements supposent qu'il a confiance dans la permanence des propriétés des substances qui les lui fournissent. Cette constance est le lien qui unit le règne inférieur de la règle physique au règne supérieur de la loi morale.

Outre l'intelligence, la volonté et la puissance, que suppose la loi physique, la loi morale suppose l'amour des agents moraux et les soins que l'amour inspire. L'indifférence de la part d'un supérieur à l'égard d'un inférieur se bornera à ne pas se soucier s'il est bon ou mauvais, noble ou vil. L'affection intelligente attache plus de prix aux qualités inhérentes à l'être aimé qu'aux circonstances qui l'entourent. Le premier objet de la loi morale est donc d'élever celui qui la pratique ; le second, de le rendre heureux dans ses relations avec ses semblables et de les rendre heureux dans leurs relations avec lui. Si la loi morale, telle qu'on la trouve dans les Saintes Écritures, était réalisée en chaque homme, il n'y aurait pas dans le monde entier un seul homme méprisable. Personne ne trouverait une source de malheur dans ses rapports avec sa famille, avec le public, ou avec la nation, et personne ne rendrait les autres malheureux dans leurs relations avec lui. Nul n'aurait un ennemi, un tyran, un détracteur ou quelqu'un lui voulant du mal. Chacun serait noble, heureux, et exercerait autour de soi une heureuse influence.

Quant aux relations de l'agent moral avec les agents physiques, dans la mesure où la loi morale régit les passions et les habitudes des hommes, leurs rapports avec les agents physiques s'ennoblissent et deviennent heureux. Le débauché, le paresseux et le méchant, peuvent employer le pouvoir de leur intelligence sur les agents inférieurs à défigurer la nature, à s'avilir eux-mêmes et à nuire à leurs semblables. L'homme bon s'en servira pour des fins directement opposées. Entre les mains de ceux qui, par obéissance au devoir et dans l'intérêt du bien public, mènent une existence paisiblement laborieuse, l'aspect de la nature devient plus beau, et les outils inconscients qu'elle fournit s'élèvent au rang d'instruments qui collaborent au bien-être général dans le présent et dans l'avenir. Cette puissance de l'agent moral sur l'agent physique, et la faculté qui en résulte de modifier les phénomènes, unissent les deux provinces de la nature en un seul système, qui se relie, de l'agent le plus humble au plus élevé, et d'un monde à un autre monde, par les chaînes du contact direct ou par un lien de communication. Chaque ordre de loi représente en lui-même d'infinies puissances de l'esprit, une volonté délibérée et des actes féconds. Les deux, en unissant leur action, transportent tout cela dans la sphère de l'action morale et bienfaisante. Et l'on me demandera de croire que toute cette organisation ne suppose pas un esprit organisateur et une volonté déterminante !

J'ose dire qu'une telle prétention me paraît de la déraison, et une déraison poussée si loin que j'ai de la peine à me l'expliquer chez des hommes doués d'une intelligence saine. Nous ne pouvons décidément pas exiler notre intelligence dans cette terre arctique où les agnostiques semblent avoir élu domicile, où il y a des milieux sans commencements, des commencements sans cause, et de l'ordre sans ordonnateur ; où l'esprit se met des lunettes qui l'empêchent de voir l'explication d'un fait derrière ce fait, et finit en dotant une humanité abstraite des attributs de la Providence. Quand l'homme a dit dans son cœur qu'il n'y a point de Dieu et qu'il est décidé à ne point permettre à sa raison de parler autrement que son cœur, il ne lui reste plus qu'à dire à son intelligence qu'elle n'est pas en état d'être laissée en liberté, et qu'il lui faut des lisières qui l'enlacent si bien qu'elle ne pose plus jamais ces questions : *Pourquoi ? Dans quel but ? Qui l'a fait ?*

Une fois cela réglé, l'homme peut jouir de la dignité d'esprit et du bonheur si envié, à certains moments, par les écoliers, qui désirent, eux aussi, par-dessus tout, qu'on ne pose pas la question : *Qui l'a fait ?* Et naturellement l'objet le plus désirable après celui-là est que, si quelqu'un s'avise de poser la malencontreuse question, tout le monde veuille bien se contenter de cette réponse : *Personne ne l'a fait.* Les agnostiques savent bien que cette réponse sonne comme une monnaie de mauvais aloi aux oreilles de l'expérience. Ils conseillent donc très sagement à l'intelligence universelle de ne plus jamais poser la question : *Qui l'a fait?*

IV

M. G.-H. Lewes, en offrant à l'humanité une nouvelle théorie de la vie, dit naïvement : « On m'a demandé, et on me demandera encore : d'où vient cette forme sphérique? Quelle est la cause qui détermine ces multiples élevés à prendre la forme sphérique? » C'est là une question fort naturelle quand on nous annonce, comme une grande découverte, que la forme sphérique est celle de la cellule, d'où la substance organique sort douée de vie. A cette question, si naturelle pour quiconque n'a pas abdiqué la liberté de sa pensée, M. Lewes fait la réponse suivante, vraiment digne de son maître Auguste Comte : « Je ne sais pas. La question est une de celles que ne pose pas un philosophe positiviste, reconnaissant, comme il le fait, l'impossibilité où nous sommes de connaître jamais les causes [1]. » Ceci ne mérite aucune réponse. Tout au plus pourrait-on rétorquer que, s'il en est ainsi, la philosophie positiviste n'a rien de commun avec la philosophie naturelle, si l'on entend par là celle qui interroge la nature, avec la liberté qui est l'attribut de la raison. Ce n'est plus qu'une école de métaphy-

[1] G.-H. Lewes, *Comte's Philosophy*, p. 168.

sique étroite et excentrique, décriant la métaphysique et en abusant [1].

M. Lewes toutefois ne peut, pas plus que les autres, garder son intelligence enfermée dans la cage comtiste. Cinq pages plus haut, il demande : « Qu'est-ce qui rend vitale la substance inorganique ?[2] » C'est là sûrement chercher la cause, comme le ferait le premier venu d'entre nous. Et c'est bien une cause qu'il indique lorsqu'il répond : « La condition décisive, la seule connue, qui puisse transformer ce blastème[3] en une substance vitale, c'est l'adoption d'une forme sphérique. » Le système de M. Lewes ne lui permet pas d'employer le mot *cause*, et il le remplace par une périphrase, qui ressemble fort à une évasion. Il confond d'ailleurs « la condition décisive » qui produit une chose avec la chose produite. La chose produite est la transformation en forme de cellule, et la chose qui la produit, « la condition décisive qui la transforme », c'est « l'adoption de cette forme ! »

Donc, la condition décisive pour transformer en bulles du savon et de l'eau, c'est l'adoption de la forme sphérique ! C'est une façon adroite de se débarrasser de l'enfant, de son souffle et de la pipe dont il se sert. Ce qui n'empêche pas que les trois sont nécessaires

---

[1]. La parole favorite de Comte, que « la métaphysique est l'art de s'égarer méthodiquement », est traduite ainsi par M. Herbert Spencer : « l'art de s'embrouiller (*puzzling*) méthodiquement ». C'est trop peu dire. Pour les comtistes et les écoles qui se rattachent à eux, la métaphysique est bien vraiment « l'art de s'égarer méthodiquement ».

[2]. Page 183.

[3]. Espèce de substances amorphes liquides ou demi-liquides, épanchées entre les éléments ou à la surface d'un tissu. (*Littré*.)

pour produire « la condition décisive qui transforme ». « En disant, continue M. Lewes, que le passage de l'état inorganique est effectué par l'adoption de la forme sphérique, je ne dis rien de plus que ce que les faits révèlent. » C'est dire, au contraire, toute autre chose que ce que les faits révèlent. Si quelqu'un disait que le passage d'une phrase conçue dans l'esprit à une phrase écrite a été effectué par son apparition en manuscrit, ou que le passage du manuscrit aux caractères d'impression a été effectué par son apparition en imprimé, ou que le passage d'un enfant de l'état de mutisme qui précède la naissance à l'état vocal qui la suit est effectué par l'acte d'élever la voix, ce serait dire autre chose certainement que ce que les faits révèlent. Ce serait mettre la charrue devant les bœufs ; ce serait fermer les yeux à la lumière.

Le passage d'un état à un autre est une grande difficulté pour ceux à qui répugne l'idée d'une cause première. Mais ils ne réussiront pas à nous faire confondre le degré final qui complète un passage avec la cause qui le produit. Le débarquement à Liverpool complète la traversée d'Amérique, mais ne l'effectue pas. La production d'un gaz enflammé complète, mais ne produit pas, le passage de la poudre à l'état de fumée. Ou, pour prendre un exemple de la vie quotidienne, le passage d'un parapluie de la forme de canne, aidant à la marche, à celle d'un abri contre la pluie, ce passage n'est-il pas complété, plutôt qu'effectué, lorsqu'il prend la forme convexo-concave? N'est-il pas effectué par un esprit mettant en mouvement une main, qui fait mouvoir un ressort, et trouve son but atteint dès que le parapluie a pris sa nouvelle forme? Qui donc songerait à nous rendre compte de ce changement de forme par des platitudes comme celles qui suivent : « La forme convexo-concave est la forme universelle du parapluie, et est la cause pour laquelle il revêt cette forme, ou, si vous préférez, « la condition décisive qui le transforme ». Et c'est cependant là l'espèce de raisonnement dont on se contente, quand on veut éviter de conclure naturellement du don de la vie à l'existence d'un être intelligent qui l'a donnée. Tous les sophismes du monde n'empêchent pas que l'acte d'ouvrir un parapluie suppose qu'un esprit a vu dans sa convexité une adaptation à recevoir la pluie, et dans sa concavité une adaptation à protéger la tête et les épaules, et que la force de la volonté a mis en mouvement la force animale, laquelle a mis en mouvement la force mécanique pour amener ce résultat, l'ouverture du parapluie, ou son passage d'une forme à l'autre. On ne persuadera pas non plus aux hommes que l'existence d'un parapluie ne suppose pas l'existence préalable d'un fabricant de parapluies, ou que l'existence de ce dernier ne suppose pas l'existence préalable de l'humanité, de la pluie, de la connaissance des formes convexe et concave, de la faculté de travailler des matériaux durs, élastiques, tissés, de façon à en faire un ensemble à la fois un et varié.

Revenons maintenant à notre exemple de la roue de bateau à vapeur. Toutes les causes mécaniques y sont bien les effets d'une impulsion donnée par l'esprit. L'essieu ou le piston, la houille ou l'eau, ne produiraient aucun mouvement si l'esprit les laissait à eux-mêmes. Les diverses parties du mécanisme se meuvent parce qu'elles y sont forcées, et c'est l'esprit qui sait comment les contraindre à agir. L'esprit des hommes se meut parce qu'il reçoit des ordres. L'esprit peut répondre à l'esprit. Mais pourquoi le capitaine ordonne-t-il à un moment donné ? C'est là son secret, et il peut le garder pour lui seul, s'il le désire. C'est le sentiment que tout l'enchaînement des causes aboutit à l'esprit comme à sa vraie cause, et à Dieu comme à sa cause première, qui rattache tous les faits, même les plus simples, aux idées naturelles de cause et d'effet. Et c'est la plus singulière de toutes les prétentions de vouloir empêcher l'homme de s'enquérir au sujet des causes. Renoncez, nous dit-on, à une telle recherche. Nous ne vous demandons pas de déclarer qu'il n'y a pas une cause, pas plus que de déclarer qu'il y en a une. Ne pouvez-vous pas dire comme nous : « Je ne sais pas s'il y a une cause ou s'il n'y en a pas ? » Non, je ne puis pas dire cela, si je conserve quelque respect pour ma propre raison et pour l'expérience universelle. Je sais que, quand une chose est faite, c'est quelqu'un qui l'a faite, et que quand deux choses sont adaptées l'une à l'autre, quelqu'un les a adaptées, et que quand des effets sages et permanents sont produits, c'est parce qu'une sagesse a prévu le but et les moyens, et parce qu'une force a effectué ce que la sagesse conseillait.

Nous ne pouvons raisonner sur la machine à vapeur, sans remonter à l'intelligence de Watt. Accessible ou inaccessible, visible ou invisible, cette intelligence a été la cause, et nous le savons bien. Qu'on n'essaye pas de nous confiner dans la chaudière et de nous refuser la permission de remonter plus haut! Qu'on n'essaye pas non plus de nous confiner dans la boîte cranienne, et de nous refuser la permission de remonter jusqu'à ce que l'œil n'a pas vu, ni l'oreille entendu. Nous pourrions en dire autant des chemins de fer et de l'intelligence de Stephenson, du télégraphe et de l'intelligence de Wheatstone ou de Morse. La nature et le besoin de connaître sont plus forts qu'un système qui s'arrête, les yeux obscurcis, au milieu des fumées de la bataille, et qui se refuse à voir la cause de tous les mouvements dans l'esprit de ceux qui commandent. Pour la nature humaine et pour l'expérience universelle, toute action intelligente suppose la pensée, et deux de ces actions combinées en vue d'un résultat supposent encore plus de pensée; et une multitude innombrable de telles actions, complexes et s'harmonisant pourtant en vue d'un même résultat, implique une pensée toute-puissante. La force et la profondeur de cette pensée éclatent d'autant plus quand ce sont des instruments mécaniques et des agents libres qui se combinent pour une action commune. Lorsque l'union de forces si complexes produit des effets à la fois simples et grands, n'y a-t-il pas une sorte d'abdication de la pensée à dire : Je ne sais pas s'il y a là une cause ou s'il n'y en a pas?

Vous me dites qu'en contemplant l'ordre de la nature animée et inanimée, vous ne savez pas si cet ordre représente une pensée et une volonté supérieures. Vous ne savez pas cela! Permettez-moi, dans ce cas, de vous demander respectueusement ce que vous savez, ou ce que vous êtes capable de savoir. Vous devez sûrement avoir découvert quelque secret, caché dans les entrailles de la nature, qui vous autorise à mettre un pied sur la raison humaine et un autre sur l'expérience, et à vous renfermer dans cette déclaration dédaigneuse : « Je n'entends pas être obligé à reconnaître des causes intelligentes. » Non, il est contraire à l'être humain de supposer que des agents innombrables, agissant dans des directions innombrables et poursuivant des buts innombrables, puissent être placés chacun dans l'ordre qui lui convient, et que tous ces ordres si variés puissent se coordonner dans une action commune, et cela sans qu'aucune pensée supérieure les régisse. Par une telle hypothèse, vous vous placez en dehors de la sphère humaine, vous vous condamnez à ignorer tout ce qui s'y passe, et vous empruntez votre croyance à je ne sais quel monde inconnu. Quant à nous, c'est d'accord avec le témoignage unanime de toute la raison et de toute l'expérience, chez tous les peuples et dans tous les âges, que nous affirmons qu'un ordre tel que celui qui règne, sous la double sauvegarde de la loi morale et de la loi physique, n'a jamais pu provenir que d'une pensée préalable.

V

Afin d'éclairer sa doctrine des lois de la nature, Stuart Mill pose cette question : « Quelles sont, réduites au plus petit nombre et à la plus grande simplicité, les suppositions nécessaires pour expliquer tout l'ordre existant de la nature?[1] » Avec un écrivain ordinaire, le sens de cette question serait assez clair; sur les lèvres d'un homme dont la vue chercherait à embrasser l'univers, elle signifierait : Comment rendre compte de toutes les intelligences, substances, propriétés et forces, de tous les systèmes, de tous les mouvements, de toutes les opérations, de toutes les créatures, avec leurs esprits, leurs besoins et la satisfaction de ces besoins, avec le rang qu'elles occupent dans l'univers? A cette question il n'y a qu'une réponse : le seul fait d'où tout cela puisse découler, c'est l'existence éternelle d'un Être intelligent, plus grand que l'espace, plus ancien que le temps, et doué de la toute-puissance.

Mais l'ordre d'idées dans lequel se meut ordinairement M. Mill rend possible une autre interprétation. Il peut avoir voulu dire : Étant donnés les mondes existants, les soleils au centre de leurs systèmes et les planètes dans leurs orbites, quels sont, réduits à leur plus petit nombre, les principes d'où l'on peut faire découler l'ordre existant? Ou encore : Étant donnés la matière, le mouvement et les forces universelles, comment expliquer que la matière forme des mondes, et le reste? Si l'une de ces suppositions est exacte, c'est un peu comme si l'on demandait à quelqu'un d'indiquer les quelques principes d'où l'on pourrait tirer tout l'ordre politique de l'Angleterre, mais en ne remontant pas plus haut que les Stuarts. Accordez l'existence des mondes, et vous accordez l'existence de la

---

1. *Logic*, t. I, p. 300.

gravitation, de la cohésion, de l'affinité, du mouvement, de la lumière, de la réflexion et de la chaleur. Supposez l'espace sans la matière et sans l'esprit, et cherchez de quels principes pourrait résulter l'ordre existant de la nature, c'est-à-dire tous les esprits et toute la matière, avec l'ensemble de leurs propriétés et de leurs fonctions, et la réponse toute simple sera qu'il n'y a aucun principe d'où quelque chose puisse résulter.

Chaque planète dit : Je suis une partie, et non un tout. Le soleil dit la même chose. Ainsi dit chaque force et chaque monde. Ainsi disent la loi physique et la loi morale, l'agent physique et l'agent moral. Ainsi disent le temps et l'espace mesurable. Ainsi disent l'esprit animal le plus obscur et l'esprit humain le plus brillant. Des parties, c'est le mot écrit partout. Or des parties impliquent des commencements et appellent un ensemble. Mais l'âme humaine ne peut s'arrêter aux commencements d'un soleil ou d'une nébuleuse, pas plus qu'aux commencements d'un téléphone. Elle demande : Et avant? Si vous répondez : Avant il y avait d'autres nébuleuses. — Quoi! d'autres parties, d'autres commencements. Qu'y avait-il donc avant les montagnes, avant la terre, avant le soleil, avant la plus vieille des étoiles, avant le premier-né des anges? La raison se refuse à accepter cette réponse : L'éternel néant; car du néant ne peut sortir que le néant. La raison entend une autre voix qui dit : Avant les montagnes, avant la terre, avant l'univers, JE SUIS; et la raison répond : *D'éternité en éternité tu es Dieu!*

L'âme humaine ne peut pas plus s'arrêter à une

partie qu'à un commencement. Elle ne croit pas plus tout savoir que ne rien savoir du tout, et elle ne croit pas davantage que les parties puissent se combiner par hasard en ensembles utiles ou que des commencements puissent se produire sans quelqu'un pour les commencer. Elle croit qu'elle ne connaît qu'en partie, même les parties des choses. Nous connaissons tous certaines choses, et cependant les plus humbles d'entre elles dépassent, à certains égards, notre connaissance. Le premier venu d'entre nous peut soulever plus de questions relativement à l'ongle de son pouce que tous les sages n'en peuvent résoudre. Aucun des membres du Parlement anglais ne saurait voir l'ensemble du palais où il siège. S'il voit l'intérieur, il ne voit pas l'extérieur. S'il voit une chambre, il n'en voit pas une autre. Il ne connaît l'édifice qu'en partie. Son ensemble n'a jamais été vu d'un seul coup d'œil par personne. C'est dans l'esprit de l'architecte Barry qu'il eût fallu chercher une vue d'ensemble, et encore il était là sans doute plus imposant et plus beau que dans la réalité. Et quand nous cherchons à nous représenter l'ensemble des choses qui ont eu un commencement, et qui ont leurs limites fixes, nous ne trouvons nulle part cette vue d'ensemble, si ce n'est dans les pensées de Celui dont la sagesse a tout créé.

Il y a un ensemble, et quelqu'un l'a fait. Nous n'acceptons pas la réponse : Personne ne l'a fait. Nous n'acceptons pas davantage la réponse : Nous ne savons pas si quelqu'un l'a fait ; ni celle-ci : Une force inintelligente, agissant dans quelques-unes des parties, a fait le tout. Et quant à la réponse : Nous ne savons pas qui l'a fait, elle amène immédiatement cette réponse : Nous savons qu'il a dû y en avoir un qui a su comment le faire.

VI

On nous demande avec insistance de laisser la nature suivre son cours et obéir à ses lois, sans surveillance ou intervention supérieure. Essayons donc de nous transporter à l'une des phases rudimentaires de la création, et de nous représenter un état de choses dans lequel une force physique apparaisse dans sa seule action et soit abandonnée à elle-même. Quel sera le résultat obtenu ? Il variera nécessairement suivant la nature de cette force. Si c'est la chaleur, tout sera transformé en gaz ; si c'est la gravitation, tout deviendra solide. Sans la gravitation, la chaleur causerait une diffusion universelle ; il n'y aurait plus de base capable de supporter un solide ; il est vrai qu'il n'y aurait pas de solides à mettre sur une base. Sans la chaleur, la gravitation changerait tout en pierre, et il ne pourrait exister ni liquide ni gaz, rien qui ressemblât à de l'eau ou à de l'air. Dans un cas, la pierre, infiniment plus froide que la glace elle-même, existerait seule au milieu d'une mort universelle ; dans l'autre, le gaz, bien moins dense que l'air, s'étendrait à l'infini, vide d'habitants.

Si peu qu'on soit habitué à réfléchir, on comprendra sans peine que, dans les deux cas que nous avons choisis, on ne peut se représenter une force agissante sans supposer qu'il a existé avant elle un objet sur lequel elle devait agir. Je ne dis pas que la force suppose la préexistence de la substance; l'une et l'autre ont pu commencer d'être en même temps, comme un mot prononcé et l'émission de la voix qui le prononce. Mais dès que la force devient agissante, il faut admettre que la substance a existé avant elle. On ne saurait imaginer l'évaporation de la chaleur sans une matière à évaporer, ni la solidification par la pesanteur sans une matière à solidifier.

Dans notre supposition, il n'existe que la matière et une seule force, soit la matière et la chaleur, soit la matière et la gravitation. Il est facile de voir qu'un système de l'univers ne saurait exister dans aucun de ces deux cas. Même au simple point de vue mécanique le plus rudimentaire, une matière douée d'une seule force serait sans utilité. Et il ne suffirait même pas qu'elle eût à son service la chaleur et la gravitation; il faudrait en outre, à moins de livrer l'univers au chaos, que ces deux forces se fissent équilibre. Et maintenant, nous posons cette question : Est-il raisonnable d'admettre que, sans l'action d'une pensée supérieure, une matière apte à s'évaporer par la chaleur a pu se former et que, de son côté, la chaleur s'est formée pour l'évaporer? Est-il raisonnable de croire qu'une matière s'est créée d'elle-même pour être concentrée par la gravitation, et que l'attraction est apparue pour la rendre solide? Est-il raisonnable surtout de supposer qu'entre ces deux forces, qui agissent d'un monde à un autre et pénètrent tous les éléments de chaque globe, un constant et universel équilibre a pu s'établir spontanément?

Modifions notre supposition, et admettons cette fois que la matière soit douée, non plus d'une seule, mais de deux forces, soit la chaleur et la gravitation. Évidemment elles ne suffiraient pas à constituer un système capable de soutenir la vie animale ou végétale. La matière, sur laquelle agiraient seules ces deux forces, serait homogène, c'est-à-dire d'une seule espèce. Si la chaleur prédominait, au point de tout transformer en gaz, il n'y aurait qu'un seul gaz; si elle ne produisait que la liquéfaction de la matière, il n'y aurait qu'un seul liquide. Si la gravitation l'emportait et transformait tout en solides, il n'y aurait qu'une seule substance solide. Par conséquent, pour que la matière revête diverses formes et qu'un corps diffère d'un autre corps, il faut qu'aux deux forces universelles, chaleur et gravitation, vienne s'en ajouter une troisième, à la fois universelle et spécifique, — universelle parce qu'elle agit sur tous les corps, et spécifique parce que son action varie suivant les corps qu'elle modifie. La gravitation ne saurait, à elle seule, forcer le cuivre à s'attacher au cuivre, l'étain à l'étain, le soufre au soufre, le charbon au charbon. Il faut donc qu'une force qui distingue les diverses sortes de matières vienne compléter l'œuvre de celle qui les mêlerait toutes. Telle que notre esprit la conçoit, notre esprit nous représente subjectivement cette force comme unique, et nous l'appelons cohésion. Mais, en la voyant agir différemment dans chaque corps simple, nous constatons objectivement qu'il y a plus de soixante forces de cohésion, dont l'une attache l'or à l'or, l'autre le plomb au plomb, une autre l'oxygène à l'oxygène, une autre le soufre au soufre, et ainsi de suite. Chacune de ces forces agit dans le sens qui lui est propre et affecte la substance avec laquelle elle est en relation, et pas d'autre. De telle sorte que l'argent s'associe à l'argent et l'hydrogène à l'hydrogène, comme les brebis vont avec les brebis et les oies avec les oies. Et c'est ainsi que les corps simples sont nettement distincts les uns des autres, et séparément rangés dans les vastes dépôts de la nature.

Mais aucune des formes de la cohésion ne peut agir si l'on ne suppose qu'avant elle existait la substance qu'elle doit rendre cohérente. Pour que cette force puisse former un bloc de plomb, il faut nécessairement qu'il y ait des molécules de plomb dont elle se servira. Nous avons donc avant tout plus de soixante formes rudimentaires de la matière, toutes différentes les unes des autres; nous avons aussi, dans chacune d'elles, une forme différente de cohésion. Peu importe de savoir si tous ces corps ont été formés simultanément, chacun avec sa propre force, ou s'ils sont le résultat de plusieurs productions distinctes. Dans les deux cas, ils supposent une pensée préalable. Le simple fait qu'un corps s'adapte à un autre, et que tous s'adaptent à des êtres plus élevés dans la nature organique et vivante, nous montre chaque élément comme un instrument préparé d'avance pour un usage à venir. Cette remarque s'applique d'ailleurs aussi bien aux molécules qu'aux grandes masses. Prises à part, les molécules de chaque substance particulière ont une identité de formes et de qualités qui nous présente une trace de l'idéal commun d'après lequel la pensée créatrice les a produits. Elles ont aussi le pouvoir de former un ensemble harmonieux par lui-même, et distinct de toutes les substances formées de n'importe quelle autre espèce de molécules. Et cette faculté de former des ensembles nombreux et distincts nous prouve à son tour que les molécules ont été destinées par la pensée créatrice à un usage commun.

Certes la création n'eût pas été bien avancée, si la matière n'eût été gouvernée que par une loi. Nous avons vu que deux lois ne lui auraient même pas suffi. Supposons maintenant la matière régie par ces deux lois unies aux soixante formes environ de la loi de cohésion : qu'arriverait-il à la création si elle était gouvernée de la sorte ?

Avec la gravitation, la chaleur et la cohésion, nous aurions eu des éléments ; nous aurions pu avoir des mélanges obtenus mécaniquement, mais les corps composés n'existeraient pas. La cohésion tend à rapprocher ce qui est semblable et, abandonnée à elle-même, elle aurait produit un monde d'éléments distincts. Il faut, pour former de nouveaux corps à l'aide des anciens, doués de propriétés nouvelles, l'introduction dans le monde d'une nouvelle force, capable de combiner les corps entre eux. Cette force, c'est l'affinité chimique ; par elle, chaque corps simple acquiert, outre ses propriétés particulières, la faculté de constituer nombre de substances nouvelles, riches, elles aussi, en propriétés différentes. Si l'oxygène combiné avec l'azote peut produire de l'air, et si, combiné avec de l'hydrogène, il peut produire de l'eau, il en résulte que pour produire, par des combinaisons exactes, des corps nouveaux, les corps simples ont dû posséder en eux-mêmes cette mystérieuse force que nous appelons l'affinité chimique. Cette affinité est une prédisposition à s'unir avec d'autres corps; elle suppose donc la coexistence de ces corps. Et cette prédisposition n'agit que dans des proportions rigoureusement exactes, et qui ne subissent aucun écart. L'existence de chacune de ces prédispositions est par conséquent la supposition anticipée de nouveaux corps qui n'existent pas encore, accompagnés de propriétés qui ne se sont pas encore manifestées; par conséquent, les corps simples ont été adaptés d'avance à des objets que nul n'eût pu prévoir quand les affinités chimiques apparurent dans la nature. Ces adaptations anticipées ne sont-elles pas une preuve nouvelle d'une pensée première? Et cet abandon de la nature à elle-même dont on parle tant, à quel moment eût-il été préférable, avant l'introduction dans l'univers de ces lois, ou après?

S'il est impossible d'avoir des solides, des liquides et des gaz sans matière, ou de les avoir sans l'union de la matière avec la chaleur et la gravitation, ou sans un équilibre parfait entre ces deux forces; s'il est impossible d'avoir des éléments distincts sans la cohésion, et des corps composés sans l'affinité chimique, il ne serait pas plus aisé d'avoir, sans la combinaison de tous ces éléments et de toutes ces forces, la moindre parcelle de ce qu'il faut à l'homme ou à la plante pour vivre, soit la terre, soit l'eau, soit aucun des tissus qui servent à nous vêtir. Ce n'eût donc pas été pour nous un avantage, si la nature eût été laissée à elle-même pendant une phase quelconque de sa formation avant le moment où toutes les forces dont nous avons parlé commencèrent à agir.

Et toutes ces forces ne sont elles-mêmes qu'un fondement, et ce fondement ne s'est pas posé lui-même ; il n'a pas été posé non plus pour lui-même, sans que celui qui l'a posé songeât à ce qu'il bâtirait dessus ; et certes ce fondement n'était pas capable de se tracer un plan ou de se créer un architecte, car il lui était aussi difficile même de mal faire qu'aux pierres qui supportent nos maisons. Si enthousiaste qu'on soit de la théorie des atomes, on ne songera pas à leur accorder le pouvoir de faire ce qu'ils ne devraient pas faire, ou de laisser de côté ce qu'ils devraient faire.

Ceux qui se représentent la nature gouvernée par des lois abandonnées à elles-mêmes, déclareront, j'imagine, qu'ils ne veulent pas parler d'une seule classe de lois, ou d'un groupe spécialement choisi, mais de l'ensemble des lois existantes. Prenons donc cet ensemble de lois depuis celles qui servent de base à la mécanique, jusqu'à celles sur lesquelles se fonde la chimie, et plus haut, jusqu'à celles qui gouvernent les forces de la vie végétale, de la vie animale, et même, si l'on veut parler de la nature dans le sens le plus large du mot, de la vie intellectuelle et de la vie spirituelle et morale. Je le demande, peut-on les contempler un instant et ne pas sentir que l'unité de leur action nous ramène nécessairement à un esprit qui les a créées et que l'harmonie des résultats qu'elles produisent nous montre un but qui leur a été proposé et en vue duquel elles existent ? Quel avantage y aurait-il donc à ce que cet esprit laissât toutes les forces agir d'elles-mêmes, machinalement, sans une pensée pour les surveiller? La loi physique prouve aussi bien par sa constance, que la loi morale par son caractère invariable, l'immutabilité de la volonté qui les a établies l'une et l'autre. Les disciples d'Auguste Comte ne savent pas élever leur idée de « volition naturelle ou surnaturelle » au-dessus de l'idée de caprice. La Bible, elle, voit dans les desseins de Dieu le gage et le soutien de la stabilité de toutes choses. Et c'est bien ainsi que pensent les hommes qui, dans les choses de la vie, croient qu'une ferme intelligence est la meilleure garantie d'un bon gouvernement. Essayez de leur proposer de laisser les lois de la nature nous gouverner seules, sans une « volition naturelle » quelconque! Si nous demandions qu'on laissât des lois invariables gouverner nos champs pendant sept années, sans qu'aucune volonté naturelle ou autre s'en mêlât, je crois qu'aucun positiviste, qu'il fût fermier, meunier, boulanger, ou simple consommateur, n'hésiterait à répudier notre système. Si nous demandions qu'on abandonnât au même gouvernement les mers et la navigation, les négociants les plus positivistes refuseraient, et leurs clients aussi. Si nous demandions qu'on livrât à ces lois immuables tout le coton, toute la laine et toute la soie, en écartant l'action de la volonté, les plus athées des filateurs, des ouvriers et des acheteurs d'habits réclameraient à grands cris le règne d'une volonté supérieure à la loi inconsciente. Malgré les entorses auxquelles ils ont dû habituer leur pensée pour défendre leur système, ils ont néanmoins ce sentiment profondément humain que tout ce qui nous élève au-dessus de la brute est un gain pour la volonté, certes bien bornée et faillible, mais qui n'en prend pas moins, dans une certaine mesure, la surveillance et la direction des lois physiques, sans un contrôle de cette volonté bornée, qui ne saurait cependant l'exercer que dans une sphère limitée. Il leur suffit que le Législateur éternel soit ignoré, qu'on ne s'occupe pas de lui, qu'il ne puisse même pas être affirmé ou nié. Mais ici la raison s'élève contre leurs répugnances, autant que l'expérience contre leurs explications; car si l'intervention d'une volonté bornée tire quelque bien des lois physiques, ce sera avec confiance que nous nous attendrons à voir une volonté infinie tirer de ces mêmes lois un bien infini.

La connaissance que possède l'homme des lois physiques a beau être imparfaite, et le pouvoir qu'il a de les diriger a beau être limité; il n'en est pas moins certain que cette connaissance et ce pouvoir ont une influence considérable sur la nature, car il en découle tout ce qui, extrait des produits bruts de l'ordre physique, rend la vie de l'homme possible et agréable. Mais revenons à la question. Peut-on supposer, avec quelque ombre de raison, que la faible connaissance que l'homme possède de ces lois, soit la seule qui en existe dans l'univers entier? Peut-on supposer que nul n'ait sur elles un pouvoir supérieur à celui d'un être qui est lui-même sous leur dépendance? Peut-on supposer que personne n'établisse entre elles l'équilibre ou l'harmonie que ne saurait produire l'homme, incapable de veiller sur leur ensemble, pour ne pas dire de les guider? Si la raison humaine a quelque valeur et si la haine de toute foi en un Dieu vivant ne vient pas dépouiller de toute logique la philosophie (car on peut philosopher beaucoup et raisonner mal), nous devons reconnaître avant tout que l'existence d'un si grand nombre de lois physiques, que la puissance et l'harmonie que nous leur connaissons, réclament et l'existence antérieure d'un créateur capable de concevoir d'avance un système de l'univers, et un acte ou des actes de sa volonté, par lesquels il a donné un corps et une réalité à ses conceptions. Nous devons admettre, en second lieu, que la marche et l'harmonie de ce grand système réclament l'existence et l'activité d'un Esprit qui en ait une parfaite connaissance d'ensemble, et qui ait le pouvoir de le diriger, sans être enchaîné ou limité par d'autres règles que celles qu'il s'est assignées à lui-même; d'un Esprit qui, tout en poursuivant un but et en ayant un plan, ne dépende en aucune façon des règles qu'il a posées, et n'ait pas d'opposition à redouter de pouvoirs rivaux du sien.

Les élèves de l'École polytechnique faisaient sur Auguste Comte une plaisanterie qui, comme cela arrive souvent, renfermait une grande vérité. Et Robinet lui-même, le disciple fervent de ce philosophe, la recueille avec orgueil, pour montrer comme on avait bien compris à quel point Comte s'était « émancipé », s'était défait de l'idée de Dieu. « C'était un dire courant parmi les élèves : que le *père* Comte avait mis Dieu en équation, et qu'il n'avait trouvé que des racines imaginaires [1]. » Eh! sans

---

[1]. Robinet, *Œuvre et Vie d'Auguste Comte*, p. 184.

doute. Il aurait voulu lui trouver des racines carrées ou cubiques, et il ne trouvait ni les unes ni les autres. Pour lui, toute autre racine était imaginaire. Sa philosophie est une philosophie de parties et de mesures. L'univers, en dehors du système solaire, paraît avoir plutôt embarrassé qu'éclairé Auguste Comte. Il ne pouvait pas l'*étiqueter*, pour employer une expression très juste du duc d'Argyll. Le peu qu'il en a dit est si rempli de réticences qu'on y retrouve de suite l'habitude qu'il avait prise de n'attacher le regard de son intelligence qu'aux choses qui se comptent et qui se mesurent. Les ailes d'aigle de l'âme, il les avait perdues, et il ne restait plus en lui qu'un penseur profond aux audacieuses hypothèses et un faible logicien.

VII

« Savez-vous pourquoi je suis républicain? disait le premier médecin d'une grande ville de France; j'ai disséqué bien des hommes, et je n'ai rien trouvé chez les nobles qui fût différent des autres. » Bien des gens instruits se sont approprié cette boutade, en la prenant au sérieux. Si en politique elle n'a la valeur que d'une pure sottise, que penser de ceux qui la portent dans des discussions sur la création, la nature, la foi, l'éternité? Il suffit, pour montrer l'inanité d'un tel raisonnement, de dire que ce docteur eût pu disséquer tous les médecins et tous les dentistes de France, sans rien trouver qui les différenciât les uns des autres, ce qui ne l'eût pas empêché de s'adresser à un dentiste pour faire soigner une dent gâtée et à un médecin pour traiter une maladie de cœur.

C'était pourtant de tels arguments qu'Auguste Comte trouvait assez bons pour ses disciples, quand il affirmait que, si le système solaire s'adapte si bien à nos besoins, cela n'implique en rien ni un esprit qui le surveille, ni un plan antérieur. Voici ses propres termes : « Une constitution aussi essentielle à l'existence continue des espèces animales est une simple conséquence nécessaire, d'après les lois mécaniques du monde, de quelques circonstances caractéristiques de notre système solaire, la petitesse extrême de masses planétaires en comparaison de la masse centrale, la faible excentricité de leurs orbites et la médiocre inclinaison mutuelle de leurs plans [1]... » De tout cela résulte cette stabilité que des penseurs « non émancipés » pourraient prendre pour la marque d'un dessein préalable. Puis vient un argument plus bizarre et que l'auteur croyait profond : « On devait, dit-il, d'ailleurs *a priori* s'attendre, en général, à un tel résultat, par cette seule réflexion que, puisque nous existons, il faut bien, de toute nécessité, que le système dont nous faisons partie soit disposé de façon à permettre cette existence, qui serait incompatible avec une absence totale de stabilité dans les éléments principaux de notre monde. » Pour cette raison, Comte conclut que l'argument de la cause finale se réduirait « à cette remarque puérile : il n'y a d'astres habités, dans notre

1. C'est le passage fameux dont j'ai déjà cité quelque chose, au commencement de ce chapitre, *Cours de philosophie positive*, II, 36-39.

système solaire, que ceux qui sont habitables ». Il se plaint d'ailleurs que ce soient les anatomistes qui admirent la sagesse déployée dans les corps célestes et les astronomes qui admirent la sagesse qui se montre dans la structure des animaux [1].

Et voilà ce que certaines gens appellent de la pensée, de la philosophie, de la science et de la logique! Et voilà l'espèce de douce folie devant laquelle devrait abdiquer notre intelligence!

Il n'y a de mondes habités que ceux qui sont habitables! Et le fait que les mondes sont habitables s'explique sans doute de lui-même, sans qu'aucune sagesse soit intervenue pour les rendre habitables! C'est la mécanique qui, après avoir organisé le monde, a produit ses habitants, et a adapté ceux-ci à celui-là. C'est avec la plus grande assurance que Comte donne son explication de l'existence continue des êtres animés, quoiqu'elle soit absolument insuffisante et qu'il ne voie pas qu'une continuité d'existence suppose un commencement à cette existence et qu'il suppose comme admis que les commencements se font tout seuls. L'existence continue des Anglais en Nou-

---

[1]. T. II, p. 37, en note. A la page suivante, Comte décrit « la stabilité essentielle de notre système solaire », comme « le beau résultat final de l'ensemble des travaux mathématiques sur la théorie de la gravitation ». Cette confusion des objets de la nature avec l'étude qu'en fait l'esprit humain est habituelle chez Comte. On est sans cesse ramené aux paroles arrachées à Littré par la tentative de Comte, dans son introduction à la *Synthèse subjective*, d'identifier la logique aux mathématiques : « On ne voit, dans cette tentative, que l'effort d'un esprit qui, placé dans le mysticisme des illusions subjectives, croit, par sa seule parole, dompter les réalités objectives. » (*Auguste Comte et la Philosophie positive*, 1re édit., p. 566.)

velle-Zélande peut s'expliquer par l'établissement d'un gouvernement anglais, mais leur premier débarquement dans ce pays est une autre affaire. Il n'y a à Paris de maisons habitées que les maisons habitables. Il est donc puéril de dire que quelqu'un les a rendues habitables. Si elles sont habitables, cela vient de ce qu'elles contiennent, dans telles et telles proportions, une toiture, des murs, des planchers et des escaliers. Donc, il est absurde de dire que quelqu'un a établi ces proportions, ou construit les diverses parties de l'édifice. Puisque les habitants y résident, nous devons supposer *a priori* que l'état des choses leur permet nécessairement d'y résider. Il est donc puéril de dire que quelqu'un a produit cet état de choses dont l'existence est, « de toute nécessité », la cause de l'origine, de l'existence, de l'établissement et du bien-être des habitants. Et cette conclusion est un fait si philosophique et si évident pour les esprits qui ignorent les causes, que toute explication de la présence des habitants, empruntée à un autre domaine que celui de la mécanique, doit être écartée comme une « spéculation théologique » et comme une hypothèse sans valeur. Malgré cela, les propriétaires, même les moins habiles à philosopher, savent fort bien que, si c'est un fait que les maisons ne sont habitées que quand elles sont habitables, c'en est un aussi que toutes les maisons habitables ne sont pas par cela même habitées.

Un monde qui manquerait de toute stabilité serait incompatible avec notre existence. Toutefois aucune sagesse n'a été requise pour combiner une rapidité extrême avec une stabilité suffisante. Il suffit amplement de dire : *Il faut bien;* si nous devions exister, il fallait bien qu'il y eût une maison bâtie pour nous abriter. Il va sans dire que la fin suppose les moyens, et ce fait ne saurait être mieux reconnu que dans ces mots, bien que d'une façon tout à fait inconsciente. Un train express qui manquerait de toute stabilité ne conviendrait pas à ceux qui voudraient voyager; toutefois quand nous nous voyons huit voyageurs, assis côte à côte et face à face, faisant ensemble nos 70 kilomètres à l'heure, bien qu'immobiles, l'un lisant, l'autre causant, un autre grignotant un biscuit; quand nous voyons que c'est là un résultat tout naturel, je dirai même nécessaire, des divers éléments qui composent notre train, il est puéril de penser que ce résultat ait été préparé d'avance par une sagesse quelconque; et sans doute il serait enfantin de supposer que des choses telles que le matériel roulant ou la puissance motrice soient ce qu'il y a de mieux pour l'œil de l'ingénieur ou du garde. Et si nous leur donnions seulement des noms grecs, elles s'élèveraient bien au-dessus des raisonnements « non émancipés » qui s'entravent eux-mêmes en s'enchaînant à une suite d'arguments. A vrai dire, ceux qui admirent des traces de sagesse dans le matériel des chemins de fer sont des médecins qui n'en connaissent pas les défauts, et ceux qui admirent l'art de guérir sont des mécaniciens qui n'en voient pas les lacunes.

Avoir un pareil désir d'être gouverné, non par une intelligente direction, comme le sont des enfants par leur père, mais par des forces aveugles, comme le bois et la pierre, ce n'est pas seulement ramper quand on pourrait planer, mais c'est pis encore, car on pourrait ramper en gardant l'impression qu'on est appelé à quelque chose de mieux ; c'est avilir son âme, en essayant de lui faire croire qu'elle pourrait tirer gloire de se passer d'un chef, d'un père, d'une demeure éternelle. L'esprit s'abaisse moins dans la sensualité grossière que dans cet état profondément avili de l'intelligence où l'espoir et la crainte eux-mêmes, ces éclaireurs de notre carrière, vont les yeux bandés, obligés de ne recevoir que la lumière réfléchie par la terre et de ne voir que les choses qui gisent dans la poussière. La pire forme de haine contre Dieu n'est pas celle qui formule les plus grossiers blasphèmes, ou qui se laisse aller aux accès les plus passionnés de désobéissance ; c'est celle qui, froidement, dresse l'intelligence à repousser toute preuve de l'existence de Dieu et à refuser d'écouter toute voix qui parle en sa faveur, soit dans l'âme, soit au dehors.

Nous savons que, si les lois de la nature étaient laissées à elles-mêmes à partir d'aujourd'hui, sans la direction que l'esprit humain est capable d'exercer sur elles, dès demain nous verrions paraître les effets de cet abandon, et ils augmenteraient bientôt dans des proportions inquiétantes. Les foyers auraient à s'allumer d'eux-mêmes ; ceux qui sont allumés auraient à s'entretenir. Le blé aurait à se moissonner tout seul. Il faudrait faire comprendre aux vaches que nous ne pouvons ni les traire ni les faire paître, parce que cela contredirait ce que les sages nous ont appris des volitions naturelles qui ne doivent pas s'occuper des lois invariables. Les bateaux à vapeur devraient se passer de pilotes et les chemins de fer de mécaniciens. Les remèdes devraient se préparer seuls dans le laboratoire des pharmaciens; les corps, dans les amphithéâtres de nos facultés de médecine, devraient se disséquer sans le secours du professeur, et les salles d'hôpital, qu'aucune volonté ne troublerait désormais, et où l'on n'entendrait plus ni demandes ni réponses, devraient procurer à leurs malades la guérison par l'action de l'invariable loi.

Si on les laissait à leurs lois, la Bourse ne serait plus un marché, ni la Banque un lieu de transactions; les rues seraient désertes, les maisons en construction resteraient inachevées; la nature serait privée de ce qui la complète, et l'homme lui-même serait déchu de son rang, et prendrait place parmi les autres animaux.

Les lois proprement dites gouvernent les agents libres. Quant aux lois physiques, elles sont faites pour plier devant les agents libres, tandis qu'elles ont à gouverner des instruments inanimés. En effet, tandis qu'elles obéissent à l'habileté de l'agent libre, ce sont elles seules qui font marcher ses instruments. Mais à quel point un être intelligent peut les gouverner, c'est ce qui dépend de la mesure de son intelligence, qui ne peut être jugée sainement ni par une intelligence inférieure à la sienne, ni par lui-même complètement, mais seulement par un esprit qui lui est supérieur. Il y a un siècle, l'homme ne savait pas à quel point l'homme peut gouverner la loi physique. L'homme, à vrai dire, ne le sait pas encore aujourd'hui. Mais il sait du moins que l'étendue de cette direction est vaste, et que la limite où elle s'arrête est, non pas une ligne fixe, mais un horizon qui recule sans cesse.

Si donc la loi physique est manifestement destinée à être gouvernée par l'intelligence en vue de fins bienfaisantes, et s'il est vrai que la moindre tentative faite pour interrompre l'action du jugement humain, quoique partielle, entraînerait après elle le désordre et le malheur, quel nom pourra-t-on donner à la folie qui voudrait nous abandonner aux lois naturelles, comme si l'absence ou le sommeil d'un maître infiniment sage pouvait seul donner aux lois l'occasion de déployer toute leur vertu?

Le dilemme d'après lequel il faudrait, ou renoncer à l'hypothèse de lois établies, ou renoncer à l'idée d'un contrôle quelconque s'exerçant sur elles, est purement imaginaire et contraire à toute expérience. La façon dont les uns le prônent, tandis que les autres n'osent pas le soumettre à l'examen, est un prodige d'illusion mentale, en même temps qu'un produit de cette manie de considérer notre pouvoir de diriger les lois naturelles comme la mesure du pouvoir de tous les agents imaginables. Si je vois dans une filature dix mille fils filés à la fois, et que l'un d'eux se rompe, n'ai-je donc pas d'autre alternative que d'arrêter toute la manufacture ou de sacrifier ce fil? Je pourrais m'écrier : « Quoi! faudra-t-il arrêter tous les métiers pour un fil? » Mais n'y a-t-il pas là quelqu'un qui en sait plus long que moi, et qui, sans déranger le plan général, sans interrompre la marche des choses, sans violer aucune loi, est capable de gouverner l'action de la loi de telle façon que le fil rompu et le métier qui le supporte soient un instant arrêtés, pendant que l'intelligence humaine répare le fil, pour remettre ensuite le métier sous l'action ordinaire de la loi. Nous avons ici la loi fixe, ne variant pas, et les phénomènes qui peuvent être suspendus, et cela précisément parce que les instruments inconscients (de même que la force qui les meut) sont surveillés et contrôlés par l'intelligence d'agents compétents. Abandonnez à leurs lois les filatures d'Europe et d'Amérique, et ni elles ni leurs lois ne feront rien. Abandonnez-les à leurs lois, dans ce sens inférieur du mot, contre lequel je m'élève, et leurs lois vous les abandonneront, si bien que les filatures et tout ce qu'elles contiennent seront bientôt hors d'usage. La première règle de la loi physique est qu'il lui faut le contrôle de la volonté et de l'intelligence ; elle se tient tranquille, comme un cheval bien dressé, jusqu'à ce que son maître soit en selle et lui ordonne d'aller à droite ou à gauche, au galop ou au pas.

C'est la prétention dont nous venons de parler que le professeur Tyndall, non content de l'énoncer, imprime et réimprime [1]. « A moins, dit-il, d'un arrêt de la loi naturelle, qui serait aussi sérieux que l'absence d'une éclipse annoncée ou la marche à reculons du Niagara remontant les cataractes, aucun acte d'humiliation, aucune prière individuelle ou nationale, ne fera jamais ni tomber du ciel une averse ni briller sur nous le soleil caché derrière les nuages. » Et l'auteur ne croit pas suffisant de nous donner cette idée comme sa croyance personnelle ; il lui faut une haute approbation :

---

1. *Fragments of science*, 6º édit., t. II, p. 5.

CE QUE PRÉSUPPOSE L'EXISTENCE DE LA LOI 225

« La science l'affirme. » C'est du moins M. Tyndall qui le dit, mais jamais la science n'a rien affirmé sur un point qu'elle ne connaît pas. Et sur ce point, la science ne sait rien, pas plus que le chat le plus fin d'un hôpital ne sait si un malade pourra ou non obtenir du médecin un changement de régime ou s'il est possible au médecin de lui accorder ce changement sans apporter dans le service de l'établissement un trouble sérieux.

Sur aucune question de physique, je ne tenterais, cela va sans dire, de discuter avec M. Tyndall. Mais l'affirmation que nous avons citée ne rentre pas dans le domaine de la physique; c'est de la métaphysique pure, et dès qu'il met le pied sur ce terrain, M. Tyndall cesse d'être bien redoutable, même pour des hommes ordinaires. On verra, par une autre de ses affirmations, combien sa métaphysique peut influer même sur ses généralisations physiques. Il soutient que, si la prière peut avoir une action sur les phénomènes physiques, « il s'ensuit que les lois naturelles sont plus ou moins à la merci de la volonté humaine, et que, dès lors, *aucune conclusion fondée sur la permanence de ces lois ne sera digne de confiance* ».

J'ai souligné ces derniers mots. Le fait est qu'aucune loi physique n'est assez à la merci de la volonté humaine pour qu'elle puisse la briser. Mais c'est aussi un fait qu'un grand nombre de lois physiques sont en partie sous la direction de l'homme, quand il s'agit du moment, du lieu, de la force ou de la durée de quelqu'une de leurs actions. Et c'est un fait non moins certain que cela n'invalide aucune des conclusions fondées sur leur constance. Il est certain qu'un appel des animaux adressé à la volonté de l'homme peut obtenir des modifications de phénomènes, non pas en troublant la loi, mais au contraire parce que la loi ne peut être troublée. Aussi une métaphysique, qui vient nous parler des impossibilités qui se dressent devant un Être supérieur à l'homme, n'est ni de la science, ni même de la métaphysique digne de ce nom.

Quand donc il est si facile de prouver que, si l'on supprimait le contrôle imparfait que l'homme peut exercer sur les lois physiques, grâce à des connaissances et à des pouvoirs aussi limités que les siens, ce serait apporter dans le monde le désordre et la ruine, je le demande, est-ce la voix de la raison ou celle de la déraison qui demande qu'on nous délivre du contrôle que peuvent exercer sur l'action collective de ces lois une science parfaite, une sagesse infaillible, un pouvoir absolu et une bonté infinie? Dans l'exemple cité plus haut de la filature, est-ce l'ouvrier intelligent ou celui qui ne l'est pas qui dira : « Le métier à filer, abandonné à ses lois, ne saurait marcher, il faut qu'on le surveille ; mais ce n'est pas là une raison pour lui donner un surveillant. » Et serait-ce le meilleur des surveillants et le plus consciencieux qui dirait : « Les métiers ne marcheraient jamais sans surveillants ; mais quant à un directeur ou à un contremaître de la filature, rien n'est moins utile ; les chefs ne savent que se mêler de ce qui ne les regarde pas. »

Ceux qui substituent à la noble idée biblique d'une loi fixe, surveillée par une ferme volonté, la mesquine conception de lois laissées à elles-mêmes par le Créateur, rencontrent à chaque pas des difficultés nouvelles. Si l'on admet un Créateur qui nous ait ainsi laissés à nous-mêmes, quand dira-t-on qu'il a cessé de s'occuper de son œuvre ? L'a-t-il abandonnée tout entière au même moment ? A-t-il abandonné d'abord les petits mondes comme le nôtre et non les grands tels que le soleil ? A-t-il commencé par abandonner les centres de l'univers, notre soleil et le soleil des soleils ? A voir que des lois physiques semblables existent dans les différents mondes, il semblerait que l'abandon ait été fait pour tous.

Et comment les aurait-il abandonnés ? En se retirant des diverses parties de son univers ? En reculant en quelque sorte hors de l'existence, dans quelque retraite de l'espace infini ? En renonçant à une partie de sa science et de son pouvoir ? En oubliant ? En s'endormant ? Le Créateur abandonnerait la création ? Et pour où aller ? Et pour quoi faire ?

VIII

Après toutes les déclamations des positivistes contre une intervention arbitraire et capricieuse dans le domaine des lois inconscientes, on s'attendrait à les voir fidèles à leur drapeau. Eh bien ! pas du tout. Dès qu'ils essayent de réaliser leurs rêveries, la réalité se moque d'eux. Le but qu'ils s'étaient proposé était de réorganiser la société humaine sur une base nouvelle qu'ils prétendaient devoir être définitive. Pouvaient-ils la réorganiser sans Dieu ? Ils le croyaient. Pouvaient-ils la réorganiser sans une providence ? Ils ne le croyaient pas ; aussi entreprirent-ils d'en inventer une de toutes pièces, et quelle invention !

Ce fut sous la République de 1848 qu'Auguste Comte publia son *Discours sur l'ensemble du positivisme*, et il inscrivit sur la première page cette devise : *Réorganiser sans Dieu ni Roi par le culte systématique de l'Humanité*. Le but moral de l'école positiviste tout entière n'a jamais été mieux exprimé. Elle cherchait moins à se délivrer du roi que du Roi des rois. En effet, après le coup d'État de Louis-Napoléon, Comte crut l'occasion excellente, en publiant son catéchisme, pour mentionner la satisfaction que lui causait cette « *heureuse crise* qui venait d'abolir le régime parlementaire et d'instituer la république dictatoriale, double préambule de toute vraie régénération [1] ». Dans la même préface, il rend hommage à l'empereur de Russie Nicolas, « le seul chef temporel vraiment éminent dont notre siècle puisse jusqu'ici s'honorer [2] ».

Auguste Comte croyait voir quelques rapports entre l'esprit du coup d'État ou du règne de Nicolas et le millénaire de l'émancipation de l'homme à l'égard de l'idée de Dieu, vers laquelle son regard se tournait. Il annonce fièrement ce millénaire en tête de son catéchisme. Il faut remarquer la désignation officielle de ses disciples de diverses classes : les serviteurs théoriques et les serviteurs pratiques de l'humanité. « Au nom du passé et de l'avenir, s'écrie-t-il, les serviteurs théoriques et les serviteurs pratiques de l'HUMANITÉ viennent prendre dignement la direction générale des

---

1. *Catéchisme positiviste*, 1re édit., préface, p. 16.
2. *Ibid.*, 1re édit., préface, p. 7.

affaires terrestres pour construire enfin la vraie providence, morale, intellectuelle et matérielle, en excluant irrévocablement de la suprématie politique tous les divers esclaves de Dieu, catholiques, protestants ou déistes, comme étant à la fois arriérés et perturbateurs [1]. »

L'incapacité où il se trouvait de concevoir le service de Dieu comme parfaitement ou même partiellement libre, mais seulement comme un esclavage qu'il croyait complet, peut avoir produit chez Comte l'état d'esprit qui voyait dans l'acte du 2 décembre une *heureuse crise*, et dans le remplacement du gouvernement parlementaire par une dictature le prélude d'une vraie régénération. L'homme qui considère comme un serviteur celui qui sert l'humanité et comme un esclave celui qui sert Dieu peut bien voir trouble dans les rapports les plus ordinaires des hommes entre eux. L'homme qui a pour idéal d'émancipation la négation de Dieu ne peut que faire bon accueil au règne de la force brutale. L'homme qui ne veut voir que des fictions vides de sens dans l'esprit de Dieu, sa volonté, sa pensée et sa sollicitude paternelle pour l'homme, et pour qui l'homme est dirigeable comme les métaux et le bois, doit bien accueillir les triomphes irrésistibles de l'épée. Le résultat pratique de tout cela, c'est qu'en échange des soins de notre Père céleste, on ne nous remet pas aux soins des lois invariables, dans lesquelles n'intervient aucune volonté. Ce que Comte nous propose, c'est purement et simplement notre « exclusion irrévo-

---

1. *Catéchisme positiviste*, 1re édit., préface, p. 6.

cable » du pouvoir politique, comme châtiment à tous ceux qui croient en Dieu, qu'ils soient d'ailleurs déistes, catholiques ou protestants ; c'est de plus l'avènement des prêtres de l'humanité, formés à son école, à la « direction générale des affaires ». Le vague des expressions qu'il emploie ne précise pas de quelles affaires il s'agit, si ce sont des affaires politiques ou sociales ; il dit simplement les « affaires terrestres ». Il y a toutefois des affaires terrestres que j'hésiterais à placer sous la direction des prêtres de l'humanité, parce qu'ils me paraissent absolument incompétents en ces matières ; tels sont le temps qu'il fera l'an prochain au moment des semailles ou de la moisson, les jours de soleil que nous aurons pendant l'hiver, le nombre des tremblements de terre, l'époque et la violence des orages. Les affaires terrestres touchent par tant de points aux affaires célestes, qu'elles dépasseront toujours la portée de l'esprit des prêtres de l'humanité, exactement comme les affaires d'un pays dépassent la portée des chevaux qui traversent les parcs et les avenues ; ces braves animaux aperçoivent les palais, les chambres, les tribunaux, ils voient passer les ministres, les juges et les législateurs, et l'idée qu'ils se font de tout cela ne correspond guère à la réalité des choses.

Le verdict que prononce le sens commun donne un démenti aux théories du positivisme. Ce verdict est celui-ci : l'homme ne peut pas être livré aux lois naturelles ; il lui faut une Providence. Mais que sera-t-elle ? Il faut, nous dit-on, qu'elle soit « enfin construite » par les serviteurs de l'humanité ! L'humanité n'a pourtant pas construit l'air que nous respirons ; et qui sait si elle pourrait même le conserver ? L'humanité n'a pas construit la terre, l'eau ni le ciel, et qui sait si elle pourrait les maintenir ? L'humanité ne s'est pas construite elle-même ; elle n'a pas construit la poussière du sol, ni l'herbe verte, ni les insectes des champs, ni les gradations infinies de la vie et de l'intelligence, ni les échanges de services qui existent entre les divers monde dont l'homme est tributaire ; et qui sait si elle pourrait seulement garder tout cela? Vous promettez de nous construire une providence matérielle, intellectuelle et morale, et vous oubliez que l'humanité n'a jamais construit ni la matière, ni l'intelligence, ni la morale. En vérité, il faut bien admettre que l'humanité est au moins aussi puissante que ses serviteurs. Si ceux-ci doivent nous construire une nouvelle providence, dont ni nos pères ni nous n'avons jamais entendu parler, qu'ils commencent par nous construire un homme vivant ; qu'ils nous construisent un esprit ou un corps ; nous les dispensons même de les unir l'un à l'autre.

D'après les positivistes, la société n'a besoin que d'être réorganisée, ce qui suppose au moins qu'elle existe. Quant à la Providence, il ne s'agit pas de la reconstruire, mais de la « construire enfin » ; c'est dire que jamais encore la vraie Providence n'a existé. On nous dit quelquefois ce qui arriverait aux alouettes, le jour où le ciel tomberait ; mais ce que j'aimerais encore plus de savoir, c'est ce qui arriverait le jour où les alouettes entreprendraient de construire un vrai firmament pour s'abriter, et nous avec elles.

Ces rêveries nous transportent en dehors des limites de la raison; j'avoue que je trouverais moins étrange la prétention d'un gouvernail qui proposerait aux cordages, aux mâts et aux voiles, de se débarrasser du capitaine et de construire eux-mêmes, pour en tenir lieu, une providence qui prendrait la direction du navire.

Même entre les mains d'Auguste Comte, des lois sur lesquelles n'agirait aucune volonté seraient impuissantes à venir en aide aux besoins de l'homme. Une providence est nécessaire. Voltaire, avec son incrédulité frivole, disait que, « si Dieu n'existait pas, il faudrait l'inventer ». Auguste Comte, avec sa pesante incrédulité, déclare que, puisqu'il n'y a jamais eu une vraie providence, il va en faire construire une par ses prêtres de l'humanité. Et quant à ceux qui ne pensent pas comme eux, ils devront leur laisser la direction des affaires et se tenir à l'écart, à jamais exclus de toute participation au pouvoir. Et la main d'un empereur Nicolas serait un instrument à jamais honoré, et un coup d'État comme celui du 2 décembre serait une « heureuse crise », s'il en résultait l'assujettissement des « esclaves de Dieu », et l'avènement des « serviteurs de l'humanité » à la direction générale des affaires terrestres.

Parmi les choses instructives, aucune peut-être ne l'est autant que ce spectacle de l'intelligence repoussant avec une répugnance haineuse toute conception d'un esprit supérieur à celui de l'homme, et en arrivant à essayer de « construire » ce qui ne saurait exister sans cet Esprit suprême. A côté d'une créature se débattant dans ces brouillards, combien plus grand nous apparaît le patriarche Laban, debout, les regards tournés vers l'Orient, et disant à l'homme qui emmène ses filles et ses petits-enfants vers le mystérieux Occident : « Que l'Éternel veille sur moi et sur toi, quand nous serons séparés l'un de l'autre ! »

IX

Il faut remarquer, dans les conceptions bibliques, l'absence complète de la mesquine idée, qui flotte dans l'esprit de certains penseurs modernes, de débarrasser l'Être infini du souci des choses finies. On n'y trouve pas davantage la préoccupation absurde d'assurer l'ordre en permettant à l'intelligence infinie de cesser son activité. De la Genèse à l'Apocalypse, jamais vous ne rencontrerez un Hébreu préoccupé de l'idée de décharger la Providence partout présente du soin des plus humbles d'entre les hommes, ou des plus petits parmi les animaux ; cela est aussi loin de sa pensée que le désir d'éviter de la peine au soleil en soustrayant à sa lumière les brins d'herbe ou les fleurs sauvages, ou d'alléger l'air du poids des petits oiseaux et des insectes, ou encore d'épargner à la mer l'embarras d'abriter dans son sein la masse innombrable d'existences infinitésimales qui y pullulent. Il ne voyait pas de difficulté pour l'Être infini, mais seulement pour l'Être fini, à combiner le particulier avec le général et à commander aux deux. Pour lui, la *nature* comprenait à la fois la chose inanimée et l'Être vivant ; et le commandement : « Tu ne diras point de faux témoignage contre ton prochain » était, dans le sens le plus auguste, une loi de la nature, une loi immuable, faite pour le temps et pour l'éternité, pour les anges aussi bien que pour les hommes.

Pour lui l'esprit était la source et le fondement de l'ordre, et non un danger dont on dût se défier, comme si ses caprices eussent constamment menacé de déranger l'ordre établi par les lois. Cet ordre même était, à ses yeux, non pas le congé en due forme donné à l'activité de l'esprit, mais au contraire le calme témoignage de cette activité. Si le lever et le coucher du soleil, loin d'être capricieux, étaient réguliers, c'était parce que l'esprit leur avait assigné leurs heures et les leur faisait observer. Si la mer ne courait pas au hasard d'un point à un autre, si elle restait dans son lit, en respectant ses limites, ce n'était pas que l'esprit s'était retiré pour laisser agir les lois, mais qu'il veillait lui-même à l'accomplissement des lois qu'il avait faites. Si les oiseaux, les animaux et les hommes trouvaient tous, jour après jour, dans le sein de la nature, une nourriture appropriée à leurs besoins; si les rivières coulaient, si la pluie tombait, si les saisons se succédaient, pour la vie et pour le bien-être de tous, ce n'était pas que l'esprit se fût retiré de ces forces, qui ne savent rien ni d'elles-mêmes ni de leurs devoirs, mais c'était parce qu'elles étaient toutes dirigées d'une façon parfaite. Si « la voix du Seigneur » faisait trembler les bêtes fauves, brisait les arbres et secouait la terre et les eaux, elle faisait vibrer l'âme de l'homme, qui l'écoutait dans son temple, et lui faisait proclamer la gloire du Créateur [1].

---

1. Voy. le Psaume XXIX.

S'il y eût eu, à cette époque, des hommes dont l'esprit eût évolué en arrière, ils auraient peut-être cru faire preuve de sagesse en disant : « Ce n'est pas la voix du Seigneur; ce n'est qu'une détonation dans l'atmosphère, le choc de l'air qui fait vibrer nos nerfs et notre cerveau. » Il se peut que l'on rencontrât aujourd'hui des esprits superficiels pour nous enseigner aussi que notre voix n'est pas notre voix, qu'elle n'est qu'une détonation, un choc de l'air faisant vibrer nos nerfs et notre cerveau. Ce qui n'empêche pas que, de tous les effets bienfaisants du tonnerre, nul n'a été supérieur à l'effet moral qu'il a produit lorsqu'il a fait connaître à l'homme l'existence d'un Être, dont la voix peut réduire au silence les fanfarons et faire chanter la gloire de Dieu à l'âme humaine en adoration.

La seule explication de l'ordre existant, qu'on puisse appuyer sur l'expérience ou défendre par le raisonnement, est celle qui explique cet ordre par l'action de l'esprit. Cette explication suppose, d'abord l'action primordiale de l'esprit préparant les divers agents, avec leurs propriétés respectives, disposant d'avance leurs forces et coordonnant leurs activités vers un but futur; et, en second lieu, elle suppose aussi une activité toujours agissante de ce même esprit, maintenant et continuant ce qu'il a commencé, réalisant ce qu'il a décidé.

Ce n'est pas d'aujourd'hui que l'on a imaginé de donner, comme explication des phénomènes, la simple énumération des conditions physiques qui les ont précédés, en déclarant bien haut que c'est la « seule explication scientifique ». Mais cette soi-disant explication, qui n'était qu'un chapitre d'histoire naturelle, s'est toujours trouvée insuffisante. Le but que poursuivent aujourd'hui ceux qui s'en tiennent à ces explications, — quand ils ont un but, — c'est tout simplement d'effacer toute autre gloire que celle des hommes, et en particulier que la leur.

Un vieillard s'éveillait un matin dans la cellule des condamnés à Athènes, et il regardait un de ses amis debout à son chevet.

« Quel motif t'amène si matin? demanda le prisonnier.

— Une nouvelle fâcheuse et accablante.

— Quelle nouvelle? Est-il arrivé de Délos le vaisseau au retour duquel je dois mourir?

— Non, pas encore; mais il paraît qu'il doit arriver aujourd'hui... Mais, continue son ami, il en est temps encore, suis mes conseils et sauve-toi. Si tu tiens à la réputation de tes amis et au bien de ta patrie, si tu as de l'amour pour ta femme et pour tes enfants, lève-toi et fuis avec moi.

— Non, reprit le vieillard enchaîné, à moins que les lois ne me relâchent, je reste. Les lois ont protégé ma naissance, mon mariage, ma vie entière. Elles m'ordonnent de mourir maintenant, et si je fuyais aujourd'hui, si je leur désobéissais, et si, comme un esclave échappé, je trouvais grâce quelque part, je serais poursuivi par le fantôme des lois de mon pays, contre lesquelles j'aurais levé une main coupable [1]. »

---

1. Platon, le *Criton*.

CE QUE PRÉSUPPOSE L'EXISTENCE DE LA LOI 237

Le lendemain ou le surlendemain, le même homme, assis sur le bord de son grabat de prisonnier, frottait sa cheville engourdie par la chaîne désormais inutile, dont venait enfin de le débarrasser le geôlier, et il disait à quelques amis, qui lui étaient demeurés fidèles jusqu'à cette heure où il allait mourir :

« Savez-vous à quoi me font songer ces gens qui prétendent nous expliquer comment les choses se sont formées? Ils ressemblent à un homme à qui je demanderais pourquoi je suis assis et courbé sur le bord de ce lit, et qui me répondrait : « Mais, Socrate, c'est parce que tes muscles et tes nerfs sont ainsi courbés, et qu'ils inclinent les os de cette façon. Voilà pourquoi tu es assis de la sorte. » Non, vous dis-je, ce n'est pas là une explication. Lorsque toi, Criton, tu me proposais de m'enfuir, si j'avais pensé qu'il était bien de fuir, cette pensée aurait transporté loin d'ici mes os, mes muscles et mes nerfs, et tout cela serait maintenant à Mégare ou ailleurs, et non ici. Mais j'ai pensé que mon devoir était de laisser la loi suivre son cours, et c'est cette pensée qui est la raison pour laquelle je suis assis à cette place [1]. »

Voilà la question moderne déjà posée dans l'antiquité. Voilà, d'un côté, l'explication vaporeuse essayée de tout temps, et, de l'autre, la réponse, ancienne et toujours nouvelle, la réponse immortelle et péremptoire. Les forces physiques régissent des forces physiques plus faibles qu'elles, mais elles sont régies par les forces mentales et morales et servent d'instruments

---

1. Platon, le *Phédon*.

à un dessein mental et moral. Régies par l'homme, elles font éclater la puissance de l'homme. Mais, plus vieilles que lui, elles ne tirent pas leur origine de sa volonté; plus étendues que lui, elles ne cessent pas là où il s'arrête; plus nombreuses que ses découvertes, elles ne sont pas toutes comprises dans le champ de sa vision; plus puissantes que sa volonté, elles nous font voir une pensée supérieure à sa pensée et une gloire supérieure à sa gloire.

Auguste Comte s'imaginait que le vieux texte : « Les cieux racontent la gloire de Dieu », n'avait plus aucun sens. Eh bien! depuis l'époque où il publiait son système, le nombre de ceux qui connaissent et aiment cette parole biblique s'est accru de plusieurs millions. C'est par dizaines que se comptent les langues qui jamais n'avaient entendu ce texte et qui le redisent maintenant à des peuples nouveaux. Il imaginait que les cieux ne racontaient d'autre gloire que celle d'Hipparque, de Kepler, de Newton et des autres astronomes. Combien l'esprit de Newton se serait senti rapetissé et déshérité si quelque froide force l'eût contraint à admettre que les lois qu'il épelait avec respect dans le grand livre de la création, n'y avaient jamais été écrites par un esprit intelligent; que ces harmonies qu'il avait contemplées d'ici-bas avec admiration, jamais personne là-haut n'avait prononcé sur elles le : « Cela est bon! » du Créateur; que ces degrés qu'il avait gravis, humble et patient, — et qui lui paraissaient le conduire vers le trône de Celui dont la Majesté s'enveloppe de l'espace peuplé de myriades d'étoiles comme d'un vêtement étincelant, bientôt roulé pour faire place à un autre, — que ces degrés ne conduisaient pas en réalité à une joie infinie, mais n'étaient qu'une pénible échelle montant vers les régions où règne un glacial inconnu !

Celui-là seul qui se place sous l'égide de la loi morale peut, moissonneur joyeux, récolter pleinement les bienfaits des lois physiques. De même que la loi physique ne s'accomplit que parce qu'elle est imprimée dans la nature même des agents qui relèvent d'elle, de même la loi morale n'opère d'une façon complète que sur des agents dans l'esprit desquels elle a été mise et sur les cœurs desquels elle a été gravée. On peut en effet la connaître et la haïr. On peut la connaître et même l'approuver abstraitement, tout en l'outrageant dans la pratique. Mais quand un homme est désireux de l'apprendre et de s'y soumettre, l'auteur de la loi peut la faire pénétrer dans son esprit et la graver sur son cœur, en lui donnant la claire intelligence de sa portée et une cordiale sympathie pour son dessein. Celui-là seul dont la grâce de Dieu a transformé la nature, en y faisant pénétrer l'esprit de la loi morale, peut réellement hériter de la terre, y jouir de jours tranquilles et de nuits radieuses, et y posséder une abondante provision d'espérances immortelles. Pour suivre les chemins pierreux de la vie, pour affronter le sombre passage de la mort, et pour entreprendre le voyage sans fin de l'éternité, il faut aux pieds ces chaussures de paix, dont parle un apôtre, cette paix qui résulte de la bonne nouvelle du pardon accordé à nos péchés passés, et de la certitude que l'Ami tout-puissant nous attend sur l'autre rive. Pour vaincre le péché et ceux qui le pratiquent, il faut revêtir la ceinture de la vérité et la cuirasse de la justice, prendre en main le bouclier de la foi et mettre sur sa tête le casque du salut.

Saint Paul, dans le texte auquel il vient d'être fait allusion [1], semble sonner la diane à des soldats qui bivouaquent dans l'obscurité et dorment d'un profond sommeil, sans souci du combat ou de la revue. Debout! nous crie-t-il, debout! c'est l'heure du réveil! Revêtez-vous des armes de lumière! Cet appel nous prend peut-être au dépourvu. Se revêtir d'une armure, d'une armure lumineuse, qui étincelle sous les rayons du soleil qui s'élève sur l'horizon? Oui, mettons-la; mais où la prendre? Où est la justice? où est la vérité? où est la foi? où est la paix? où est le salut? Tout cela s'est perdu dans la nuit! Plus d'un peut dire : « Je n'ai pas d'armure à mettre, et quand le soleil se lèvera, il fera éclater ma misère. » A ce cri de détresse morale, Paul a une brève réponse : « Revêtez-vous du Seigneur Jésus-Christ. » En vous revêtant de lui, vous vous revêtirez de vérité et de justice, de foi, de paix et de salut. L'esprit du Christ est à la fois le sommaire de la loi morale, la volonté de son auteur et l'image de votre juge.

Le même apôtre résume les caractères de l'Esprit du Christ, en indiquant quels sont les fruits de l'Esprit, et il conclut par un axiome triomphant, qui peut défier toutes les investigations de la science et de la pratique : « Le fruit de l'Esprit, c'est l'amour, la joie,

---

1. *Épître aux Éphésiens*, VI, 11-17.

CE QUE PRÉSUPPOSE L'EXISTENCE DE LA LOI

la paix, la patience, la mansuétude, la bonté, la fidélité la douceur, la tempérance. *Contre de telles choses, il n'y a pas de loi*[1]. »

Pas de loi contre de telles choses! Parole hardie! parole invincible! Contre ces traits de l'image divine, il n'y a pas de loi de la famille, car ils assureront son bonheur; pas de loi de la société, car ils rendront ses rapports plus doux; pas de loi de la nation, car ils augmenteront sa force; pas de loi de l'humanité, car ils étendront son bien-être. Contre eux il n'y a pas non plus de loi du corps, car ils le protégeront contre bien des maux; pas de loi des émotions, car la paix de Dieu en égalisera les pulsations; pas de loi de l'intelligence, car la joie que donne l'Esprit-Saint la fera agir sans secousses; pas de loi de la conscience, car elle réclamera plutôt plus de ces caractères que moins; pas de loi de l'espace, car la bonté est bonne partout; pas de loi du temps, car la justice est juste à jamais; pas de loi du trône de Dieu, car ces traits-là brilleront éternellement dans sa lumière; pas de loi du ciel enfin, car c'est là que l'image divine retrouve la demeure du Père.

Voici donc la conclusion dernière à laquelle nous arrivons : L'Esprit du Christ est indépendant de tous les mondes, et celui qui marche comme Jésus-Christ a marché est citoyen de la Cité de Dieu.

1. *Épître aux Galates*, V, 22, 23.

FIN

TABLE DES MATIÈRES

Préface de l'auteur v

PREMIÈRE PARTIE
Coup d'œil général sur la question 1

DEUXIÈME PARTIE
Différence entre les agents régis par la loi physique et les agents régis par la loi morale 22

TROISIÈME PARTIE
Les différents rapports établis par la loi physique et par la loi morale 36

QUATRIÈME PARTIE
La nature des deux ordres de lois, et comment elles régissent les agents qui leur sont respectivement soumis.... 73

CINQUIÈME PARTIE
L'action combinée des deux ordres de lois et le pouvoir de l'homme de modifier les phénomènes 140

SIXIÈME PARTIE
Ce que présuppose l'existence des deux ordres de lois et leur action coordonnée 181

Coulommiers. — Typog. P. BRODARD et GALLOIS.

www.ingramcontent.com/pod-product-compliance
Lightning Source LLC
Chambersburg PA
CBHW070641170426
43200CB00010B/2094